지나온 삶에 짓눌려 왔던
모든 여성을 위한 마음 수업

# 오늘부터 나를 위해 울기로 했다

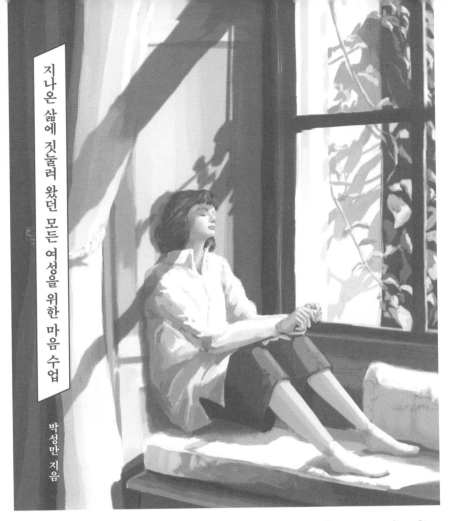

지나온 삶에 짓눌려 왔던 모든 여성을 위한 마음 수업

박성만 지음

# 오늘부터 나를 위해 울기로 했다

ć

추수밭

# 나다운 삶을 찾고 성장하기 위한 '이야기 심리학'

## 모든 사람의 심리적 바탕은 여성성이다

나는 지금까지 심리학 도서를 11권 썼고, 그중 2권이 여성에 관한 책이다. 2016년 출간한 《엄마라는 아이》는 엄마의 내면에 있는 아이가 자녀 양육에 어떤 영향을 주고받는지를 다루었다. 2017년 출간한 《빨래를 해야겠어요》는 여성의 콤플렉스를 칼 융의 분석심리학으로 풀어쓴 책이다. '12'라는 숫자가 주는 상징성도 있으니, 나의 열두 번째 책은 특별해야 하지 않을까?

나는 구체적인 구상을 하지 않은 채 글을 써 내려갔다. 되도록 자유로운 연상을 따라 글을 썼다. 놀랍게도 세 번째로 여성에 관한 글을 쓰고 있었다. 생물학적 성별과 관계없이 모든 사람의 심리적 바탕은 여성성이다. 여성성의 본질이 잘 드러나는 중년 여성에 대한 탐구는 인간 자체에 대한 고민이기도 하다. 나는 그녀들이 당면한 고뇌, 갈등, 아픔 등을 주제로 글을 썼다. 나의 이야기처럼 그녀들의 이야기를 풀어 놓으니, 그게 다 남녀 사람에 관한 이야기였다.

내가 주로 연구하는 심리학 분과인 대상관계이론과 분석심리학은 여성을 만나는 하나의 통로였다. 이야기가 깊어질수록 심리학은 사람을 돕는 '봉사 심리학'이 되었고, 나는 치유를 넘어 성장을, 아니 인생을 말하고 있었다. 그동안 공부한 심리학에 상담을 통해 직접 터득한 심리학까지 겹쳐, 자연스럽게 '이야기 심리학'이 펼쳐졌다.

인간은 필연적으로 성장을 향하여 몸부림치는 존재임을 나는 다시 확인했다. 성장해야 행복하고 얽매이는 것에서 벗어난다. 인생의 목적은 내적 성장이다. 그리고 사람이 살면서 겪는 모든 일은 내적 성장을 돕는 선물이다. 그래야 수수께끼 같은 인생이 풀린다. 삶은 복잡한 수학 문제의 풀이 과정과도 같다. 긴 시간 들여 종이 한 장 다 채워서야 풀리는, 어려운 수학 문제의 정답을 맞혔을 때의 기쁨을 여러분은 기억하고 있을 것이다. 모든 삶의 문제는 반드시 풀이 과정을 거쳐야 답이 나온다.

## 원형은 모든 것을 알고 있다

사람의 내면에는 문제를 풀어가는 힘이 본래부터 존재한다. 아니, 먼저 문제를 푸는 해법이 존재하고 거기서부터 문제가 파생된다고 나는 믿는다. 문제는 항상 해법과 함께 존재한다. 삶의 문제를 만들고, 그 문제의 해법도 제시함으로써 사람을 성장으로 안내하는 정신요소를 원형原型, archetype이라고 한다.

분석심리학자 융에 의하면 원형은 개인적으로 습득한 것이 아니다. 개인적 경험에 선행하는 인류 진화의 정신적 유산이다. 원형은 집단 무의식에 있는 보편적 심리 구조, 그리고 본능적 힘의 원천이다. 원형은 절대지로서 모든 것을 다 알고 있다. 원형에는 각자가 살아야 할 인생 로드맵이 그려져 있다. 성장의 중요한 지점마다 원형은 우리가 예상한 방법 혹은 예상치 못한 방법으로, 은밀하고 조용히 또는 강하게 휘몰아치며 사람을 성장시킨다.

원형은 심리적으로만 일어나는 성장 동력이 아니다. 필요하면 외적 사건도 조작하여 사람이 '자기실현'을 하게 한다. 우리의 힘으로는 어찌할 수 없는 고뇌, 갈등, 아픔, 상처, 시련 앞에서 우리는 망연자실한다. 본능적으로 실체를 알 수 없고 깊이를 알 수 없는 또 다른 나에게 도움을 요청한다. '또 다른 나'는 바로 '원형'이다. 원형은 종교인들에게는 그들이 믿는 신에게로 투사되기도 한다.

나는 중년 여성의 생생한 삶의 현장에서 원형이 어떻게 작동하는지 세심히 살폈다. 대체로 다음과 같다.

첫째, 원형은 심리적 혹은 외적 사건을 만들어 사람을 궁지에 몰아넣는다. 정체를 알 수 없는 외로움, 무력감, 내적 방황, 질병, 가족

및 지인의 죽음, 인간관계에서의 상처, 물질적 손실, 실직 등이 여기에 속한다. 이것들이 방문하면 우리는 본능적으로 저항한다. 그러나 이런 것들은 우리가 마땅히 가야 할 길을 가리키는 일종의 이정표이다. 사람에 따라서는 수단과 방법을 가리지 않는 얄팍한 보상을 구하며, 얄팍한 사람이 되는 길을 선택하기도 한다. 나는 그런 사람을 좀 더 가까이서 관찰했다. 원형은 지연이 되더라도, 언젠가는 그가 마땅히 가야 할 길로 가게 한다.

둘째, 원형은 문제를 해결하기에는 자아의 능력이 턱없이 부족함을 알아차리게 한다. 이전의 자신감과 경험의 한계치를 겸손히 인정해야 한다. 우리가 할 수 있는 유일한 일은, 이 모든 것을 내 인생의 퍼즐 조각으로 받아들이는 것이다. 특정한 계기를 선별하지 않고, 자기에게 일어나는 모든 일이 인생을 완성하기 위한 신의 퍼즐 조각 중 하나임을 인정하게 한다. 그러고 나면 환경과 조건과는 무관하게 예상치 못한 마음의 평화가 온다. 얼마나 많은 사람이 환경과 조건의 개선에만 열을 올리는지! 그들은 평생 그 일을 해도 만족하지 못한다.

셋째, 원형은 의식의 수준을 한층 높인다. 더 높은 산에 올라가 산 아래를 내려다보는 느낌이라고 할까. 자신을 괴롭히던 일들이 하찮아 보인다. 인간관계의 갈등이 현저히 사라지고, 함께 어울렸던 사람들과 이전의 일로 기뻐하거나 슬퍼하지 않는다. 삶을 관조하는 능력이 생기고, 외적인 것에 흔들리지 않는 내적 확신을 얻는다. 그런데 아직도 더 가야 할 길이 있다. 원형은 그 길을 가게 한다.

## 인생은 퍼즐 조각 맞추기이다

우리는 인공지능 시대에 살고 있다. 그 영향으로 나의 심리학 수강생들은 종종 컴퓨터 자판의 엔터키를 치면 출력되는 명료한 것들을 요구한다. 내 수업 수강생들의 존재론적이고 실존적인 질문을 한 문장으로 요약해봤다.

"어떻게 하면 사람이 편안히 살 수 있는가?"

나의 요약 답변이다.

"인생은 퍼즐 조각 맞추기이다. 내 인생의 조각들을 내 퍼즐 판의 어디에 맞출 것인가만 생각하면 된다. 좋아하는 퍼즐은 취하고 싫어하는 퍼즐은 분리하여 버리려 한다면, 그 길은 불행의 지름길이다. 당신의 퍼즐 조각과 같은 것을 가진 사람은 이 세상에 아무도 없다. 인생은 각자의 길을 걸어 각자의 그림을 완성하는 것이기 때문이다. 죽음 이후에도 이 작업은 계속될 것이다."

여기에 수록된 사례는 내가 직접 혹은 간접 경험으로 얻은 정보의 조합에 심리학적 상상력, 그리고 문학적 상상력을 보태 채색한 것이다. 중년 여성이라면 누구나 궁금해할 만한 질문에 대한 나의 답변이다. 나는 뜬구름 잡는 이론적이기만 한 공허한 메아리를 싫어한다. 그것들이 무익하다는 것은 아니다. 그 공허한 소리도 세월을 견뎌 잘 소화하면 매일 목에 걸고 다니는 진주 목걸이가 되기도

한다. 그러기 위해서는 경험이 중요하다. 하다못해 양치질을 제대로 하는 방법도 경험하지 않으면 모르는 것이나 다름없다.

인생의 성장 프로그램에서 시간은 단축할 수 있으나 월반은 없다. 반드시 하나를 경험하고 나서야 다음으로 넘어간다. 삶의 문제를 '이것은 이것이고, 저것은 저것이다'라는 식으로 해결하려는 홍보용 마술 처방전도 나는 싫어한다. 그런 것은 애당초 없다. 사람의 성장은 말에 있지 않고 경험에 있다. 심리치료는 움츠렸던 내담자를 경험에 개방적인 자세로 이끌고, 경험한 것을 존재로 소화하게 하는 내적 여행이다.

삶에는 경험하여 나의 목걸이로 만들 자원이 정말 많다. 이 책이 각자의 경험을 외면하지 않고 소중히 여기고, 의미 있게 해석하는 일에 한 발자국 더 가까이 다가가는 안내서이기를 바란다.

2023년 봄
가나심리치료연구소에서
저자 박성만

# CONTENTS

## 지금은 익숙한 나로부터 벗어날 때

# 자식의 삶은 내 삶이 아니다

# 남편으로부터 벗어나야 삶의 질이 달라진다

# 내 인생을 되찾는 전환기의 지표들

# 자유를 찾은 이들의 이야기

지금은
익숙한 나로부터
벗어날 때

# 더는 착하게
# 살고 싶지 않습니다

저는 어렸을 때부터 착하다는 말을 많이 들었습니다. 그게 이유였을까요. 지금은 사회복지사로 일하고 있습니다. 업무상 저소득 가정을 방문할 때면 사비를 들여서라도 아이들 간식을 사다 주어야 할 것 같아 이를 실천에 옮깁니다. 뿐만 아니라 제가 속한 크고 작은 모임에서는 꼭 희생을 해야 제 할 일을 다한 것 같습니다. 한때는 이 일이 즐거웠는데 이제는 지칩니다. 그래도 해야 한다는 압박에서 벗어나지 못하고 있습니다. 동료들은 저에게 천사라고 하는데, 저는 좋은 일만 해야 하는 천사가 얼마나 힘든지를 잘 알고 있습니다.

천사도 날개를 떼어내고 자신의 마음대로 살고 싶을 때가 많을 겁니다. 저는 초등학교 때부터 동생을 돌보며 엄마 역할을 해왔습니다. 이것과 제 안의 천사는 관계가 있는 것 같습니다. 가족에 대한 헌신도 좀 지나칩니다.
어떻게 벗어날 수 있을까요?

## 천사에게도 가끔은 악마 연습이 필요하다

착한 사람 콤플렉스보다 더 강한 것은 '구세주' 콤플렉스입니다. 전자는 내가 착한 사람이 되는 것이고 후자는 세상의 구원자가 되는 겁니다. 전자는 마음만으로도 가능합니다. 후자는 자기희생이 있어야 합니다. 그 중간에 당신이 있습니다. 당신은 자기희생을 할 때마다 묘한 쾌감을 느끼고 거기서 중독성을 느낀다고 했습니다. 그럴 때마다 어딘가에 우뚝 서 찬사를 받는 감흥이 있었습니다. 그러나 그것도 잠시, 당신은 다시 아래로 굴러떨어집니다. 그리고 다시 올라가기 위한 자기희생의 일을 찾습니다. 당신의 그런 행동은 주변의 온도를 1도 올렸겠지만, 자신의 체온은 2도 떨어뜨렸습니다.

만약 세상에 당신 같은 사람이 30퍼센트가 넘는다면, 70퍼센트는 거기에 서서히 동화될 것입니다. 당신을 돌보는 천사도 세상에 충분히 있을 것이고, 그럼 당신은 소외당하지 않고 천사의 일을 계속할 수 있을 테니까요. 그러나 실제로 천사 같은 사람의 비율은 3퍼센트 정도에 불과합니다.

당신이 지금까지 살아온 삶에 경의를 표합니다. 당신 덕분에 위로받고 일순간이라도 기뻤던 사람들은 많습니다. 당신은 천사입니다. 그러나 천사도 가끔은 악마 연습을 해야 현명한 천사가 됩니다. 악마를 모르고는 천사도 될 수 없습니다. 지금 그 시간이 다가왔습니다.

## 무조건적인 희생은 자기만족일 뿐

중년 이전에는 열정만 있으면 자기 신념을 실천할 수 있습니다. 중년 이후에는 이 일이 헌신할 가치가 있는지, 또한 자신에게 맞는 것인지 되묻습니다. 아무리 좋은 일이라도 자신에게 해가 된다면 멈춰야 합니다. 나에게는 해가 되면서 남에게는 득이 되는 일, 하늘은 그런 일이 계속 일어나는 것을 원하지 않습니다. 남은 이익이고 나는 손해라면 그 일은 결코 선한 일이라고 할 수 없습니다. 사람에게는 스스로 희생함으로써 고통스러운 만족을 얻으려는 본능이 있습니다. 남을 위해 희생하였다 하더라도, 그 희생은 자기 쾌락을 위한 이기주의일 수 있습니다.

그동안 당신은 타인을 위해 선한 일을 해왔습니다. 지금은 자신을 위한 선한 일을 해야 할 때입니다. 당신의 작은 선행이 타인을 일순간 만족시키기는 해도 그들의 삶을 바꿔놓지는 않습니다. 나의 감정을 살펴볼 때가 왔으니 그 일을 좀 줄여나가야 합니다. 그래야 남은 에너지로 자신에게도 선한 일을 할 수 있습니다.

인정하고 싶지 않겠지만, 그 일은 당신의 아동기 콤플렉스를 보상해주었습니다. 어떤 이유에서든 당신은 엄마가 필요했던 시기에 그의 부재를 느꼈고, 먹고 싶은 간식을 마음껏 사 먹지 못했습니다. 그 간식을 나의 아동기와 같은 시절을 겪는 아동들에게 제공하며 기쁨을 얻은 겁니다. 보상 행위는 자신을 만족시킬 순 있지만 성장을 이끌어내지는 못합니다.


## 내가 살아야 타인도 살릴 수 있다

착한 사람 콤플렉스는 어린 시절에 받지 못한 인정을 받아내려 착한 사람 가면을 쓰는 것을 말합니다. 구세주 콤플렉스는 어린 시절에 받지 못한 돌봄에 대한 보상으로, 내가 세상의 엄마가 되려는 것을 뜻합니다. 두 가지는 서로 얽혀 있습니다. 엄마는 '모신'이라 불릴 만큼 초능력에 가까운 힘이 있습니다. 가족을 위해 모든 에너지를 몰아 씁니다. 그러다가 중년이 되면 지쳐 모신이 아닌 아이가 되고 싶은 욕망이 생깁니다. 그제야 가던 길을 멈추고 자기를 점검합니다. 그때가 왔습니다. 지금까지는 남의 허기를 채웠습니다. 이제는 자신의 허기를 채울 때입니다.

남편과 아이들은 당신의 과한 돌봄에 짜증을 내기 시작했습니다. 오랫동안 즐겨 했던 일인데 나는 지치고 타인은 짜증낸다면, 그 일을 중단하라는 신호입니다. 자녀를 향한 무조건적인 희생은 오히려 자녀의 영역에 대한 침범이 되어 자녀의 공격으로 돌아옵니다. 엄마는 그로 인해 상처를 입습니다. 엄마가 그 행위를 중단하지 못하는 이유는 자신의 내면에 있는 상처 입은 어린아이를 분리하여 성장시키는 데 실패했기 때문입니다.

더 돌봄을 받아야 했을 어린 나이에 당신은 집안일을 도맡아 하고 동생을 돌보는 엄마 역할을 했습니다. 한창 욕구불만을 발산하며 사춘기 속앓이를 해야 할 나이에 속앓이 할 수 없는 동생의 엄마가 된 겁니다. 당신은 당신의 속앓이를 들어주고 도닥거려줄 엄마가 필요합니다. 당신은 결핍 가정의 아이들에게 그런 엄마가 되어줌으로써 상처 입은 당신 내면의 어린아이를 돌봤습니다. 당신으로 인해 세상은 조금 더 밝아졌습니다. 그러나 지금은 자신의 빛을 충전해야 할 때입니다. 당신이 살아야 타인도 살릴 수 있습니다.

당신은 물었습니다. "그럼 어떻게 해야 하나요?" '어떻게'라니요? 내면의 소리를 들으세요. '어떻게'는 방법을 몰라서가 아니라, 아직 준비가 덜 됐거나 삶의 태도를 바꾸기가 두려워서 대는 핑계입니다. 방법은 지천에 널렸습니다. 저는 심리상담 현장에서 '어떻게 해야 하나요?'라는 질문을 수도 없이 받습니다. 책 한 권만 봐도 '어떻게'는 다 나와 있습니다. '어떻게'를 묻는 사람들은 사실 '어떻게'를 실행하고 싶어 하지 않습니다. 내가 진실로 원하는 것이 무엇인지 알고 싶다면 내면의 소리를 듣고, 그것을 실천에 옮기는 용기를 가져야 합니다.


## '슬퍼하지 못한 슬픔'을 만나야 할 때

타인에게 향했던 에너지를 거두어들이고 자신에게 돌리세요. 남아 있는 에너지로 당신 안의 '속앓이'를 만나고, 어린 시절에 충분히 '슬퍼하지 못한 슬픔'을 만나세요. 욕구를 참아가며 엄마 역할을 해왔던 어린 시절의 분노를 만나세요. 그때는 몰랐던 '왜 내가 엄마가 되어야 하나?' 하는 마음으로 원통해하고 화를 내야 합니다. 내 돌봄의 수혜자인 아버지와 동생을 미워할 수도 있습니다. 잠깐은 이런 불편한 감정도 만나야 합니다. 불편한 감정에서 좋은 감정도 나온다는 것을 당신은 이해해야 합니다. 미움이 사랑과 하나인 것처럼요.

이제 때가 왔습니다. 지금 홀로서기를 하지 않으면 이후의 삶은 강박적으로 변하거나 우울해질 것입니다. 정신 에너지를 외부에서 거둬들여 내면으로 향하는 사람은 누구나 수행자입니다. 중년에는 누구나 수행자가 되어야 합니다. 무의식 가장 깊은 곳에 있는 원형이 그의 삶을 수행자의 길로 안내합니다. 그래서 칼 융은 내면의 소리를 들으라 했습니다. 내면에서 충만한 자기를 만나기 전에는 외적 선행을 중단하세요. 억압된 속앓이는 낯선 감정으로 방출되고, 그 자리는 잔잔한 평화로 채워집니다. 의식의 지평은 더 넓어집니다. 그러고 나서야 자기조절이 가능한 착한 사람도, 세상의 엄마도 될 수 있습니다. 그때는 보상이 아닌 소명에서 행위가 나옵니다.

　내면의 소리에 귀를 기울이면 내가 정말 무엇을 하고 싶은지 알 수 있습니다. 사람들은 묻습니다. "내면의 소리가 들리지 않습니다. 어떻게 하면 들을 수 있을까요?" 하늘이 주신 위대한 능력을 저에게 묻는 것은 어불성설입니다. 바로 그 질문을 한 당사자가 해야 할 노력이 있습니다. "밖의 일은 잠시 중단하고 조금만 더 내면으로 침잠하세요. 하루 30분이라도요. 그 소리를 따를 용기면 충분합니다." 먼저 참된 자기로 살겠다는 열망이 있으면 '어떻게'는 그에 맞게 주어진다는 것을 당신은 배울 겁니다.

### 내 삶에 적용하는 Q&A

Q. 어떻게 착한 사람 콤플렉스에서 벗어날 수 있을까요?

A. 내면에 있는 상처 입은 어린아이의 소리에 집중하세요. 남들에게 쏟아부었던 에너지를 이제 나 자신에게 쏟아보세요.

## 내가 정말 나쁜 사람이라면?

아내는 남편이 도박 중독이라는 사실을 신혼 초에야 알았다. 연애 기간에 유달리 자신에게 집착하는 것을 알았지만 사랑인 줄 알았다. 살다 보니 남편은 도박뿐 아니라 인간관계 문제도 심각했고 가정 폭력까지 휘둘렀다. 아내는 남편의 도박 빚을 갚아주느라 좋은 시절을 다 보냈다.

남편은 자신의 도박에 대하여 나름 합리적인 이유를 댔다. 처음에 아내는 말도 안 되는 소리라고 했지만, 남편의 변명이 반복되자 그의 말이 한편 옳을 수도 있다는 생각이 들었다. 그러자 내가 잘하면 남편도 언젠가는 좋아지겠지 하는 희망이 생겼다.

아내는 독실한 기독교인이다. 내가 열심히 기도하고 봉사하고 신앙생활을 하면 남편이 중독에서 벗어나고 폭력도 없어질 거라 믿었다. "다 내 잘못이야. 내가 잘하면 돼." 아내는 남편의 잘못을 자신이 짊어짐으로써 남편은 좋은 사람으로 만들고 자기는 나쁜 사람이 되었다. 그게 더 편했다. 변할 수 없는 남편에게 희망을 거는 것보다 나만 변하면 모든 것이 해결되니까. 영국의 정신분석학자 페어베언W. Ronald D. Fairbairn은 이를 '도덕적 방어' 혹은 '초자아 방어'라고 했다.

이제는 성인이 된 딸도 엄마에게 이혼을 권유한다. 그러나 남편의 도박이 자신 때문이라고 생각하는 엄마에게 그 말은 귀에 들어오지 않는다. "내가 조금만 더 잘하면 돼." 이러한 자책은 아동기에 겪었던 불만족스러운 대상관계 경험의 책임을 자기에게 돌리는 것이다. 피학대증이 성격의 중심이 되면 그는 착한 사람 콤플렉스에 빠진다. 그는 타인을 편하게 하고 자신은 고통받는다. 부부싸움이 많았던 가정에서 성장한 아동이, 무의식 안에서 싸움의 원인을 자기에게 두면서 도덕적 방어를 쌓는다. 도덕적 방어는 나는 나쁜 사람으로, 타인은 좋은 사람으로 만든다. 이런 분들에게 하고 싶은 말이다.

"사람이니까 사람을 미워할 수도 있어. 좀 미워한다고 그가 파괴되는 것은 아니야. 네가 나쁜 사람이 되는 것도 아니야. 세상은 더 좋은 곳도, 더 나쁜 곳도 아니야. 늘 그만큼이야. 너를 끝까지 지지해줄 사람은 바로 너라는 것을 잊으면 안 돼. 네가 너를 나쁜 사람이라 하면 누가 너를 지지하겠어."

# 여자의 인생은
# 정말 다 그런 건가

결혼해서 남편 뒷바라지하고, 애들 키우고, 시부모 모시는 일도 했습니다. 그러다 보니 어느새 나이 오십이 훌쩍 넘었습니다. 이제 둘째도 대학에 들어가니 학비라도 보태려 일자리를 찾는데 몸 쓰는 일밖에 없습니다. 시대는 달라져도 여자 인생은 그대로인 것 같습니다. 제 엄마도 그렇게 살다 가셨습니다.

행복은 돈에 있지 않다는 말은 가난한 사람이 자기 위안으로 만든 허구인 것 같습니다. 또는 부자가 가난한 자를 달래려 만든 말이 아닌지요. 저는 마음공부의 필요성을 알고, 인생의 목적은 자기 성장임을 인정합니다. 그러나 그것이 다 가난한 나를 위로하는 하나의 방책 같아 쓸쓸합니다. 재벌이나 그들의 2세는 영성이니 하는 책들을 뒤적이며 마음공부를 하고 있을 것 같지 않습니다. 저답지 않게 갑자기 돈으로 심란해졌습니다. 위로의 말씀을 부탁합니다.


## 돈에서 자유로워야 진정한 자유를 누린다

저는 늘 중년이 영적 성장의 중요한 전환점이라고 이야기합니다. 그러나 이런 말을 할 때면 한편으로는 '이게 다 부르주아 심리학이 아닌가' 하는 회의가 들기도 합니다. 중년 심리학의 대표주자로 꼽히는 분석심리학도 부르주아 심리학이란 말을 면하기는 어렵습니다. 당장 막일이라도 해야 의식주가 해결되는 사람, 또는 의식주 자체가 해결이 안 되는 사람, 질병으로 평생 가족의 도움을 받아야 하는 사람도 많습니다. 제가 쓴 중년 심리학 도서에 대한 반응 중에는 이런 말들도 있습니다. "다 필요 없다. 중년엔 돈만 있으면 된다. 배부른 소리 하지 말라."

배부른 소리 맞습니다. 당장 배에서 배곯는 소리가 나는데 한가하게 내적 성장이나 논하고 있을 겁니까? 당장 나가서 몸 쓰는 일이라도 해야 하는 사람에게 명상이니 영적 독서니 하는 말들은 다 사치라고 여겨질 수 있습니다. 그들은 빈 시간에 휴식을 취해야 합니다. 그래야 내일이 오면 생업을 위해 일을 하러 갈 수 있을 테니까요.

'돈으로부터의 자유'는 있는 사람에게나 없는 사람에게나 다 허상이 아닐까요. '이만하면 됐다', '지금부터는 내 인생에서 돈 말고 다른 것을 위해서 살아야겠다' 하는 사람이 얼마나 있겠습니까. 현직에서 물러나면 어디다 투자라도 해야 덜 불안하다고 합니다. 돈 없는 사람에게 돈 걱정은 그림자처럼 따라다닙니다. 돈 버는 일은 끝도 없고, 사람이 돈을 따라다니면 그다음부터는 돈이 사람을 데리고 놉니다. '돈의 노예'가 됩니다. 돈으로부터 자유로워야 진정한 자유도 누릴 수 있습니다. 이게 다 허상일까요? 아무튼 이런 생각으로 저는 《마흔에 쓰는 돈 반성문》이라는 책을 썼습니다. 초기에는 재테크 책인 줄 알고 잘 판매되어 추가 인쇄도 했으나, 그 반대의 가치를 말하는 책이라는 것이 회자되면서 판매량이 급감했습니다.

저는 각계각층의 사람과 심리 상담을 하면서, 사람이 한평생 살면서 벌어들일 돈의 양은 거의 정해져 있다고 믿게 됐습니다. 사람의 무의식에는 그가 평생 동안 벌 돈의 양을 정하는 원형이 있다고 할까요. 돈을 많이 벌 운명의 사람은 돈에 대한 집착이 강하고, 그의 원형이 그런 환경을 만들어갑니다. 돈에 초연할 운명은 돈에 대한 집착이 없고, 그의 원형이 그런 환경을 만들어갑니다. 사람이 의지로 노력해봐야 지극히 미미한 양의 차이만 있습니다. 누가 재테크에 성공하여 일확천금을 벌었다고 해서, 내 길도 아닌데 따라 가봐야 손실만 나거나 시간만 낭비하고 돌아오더군요. 지극히 미미한 것에 인생 전체를 거시겠습니까.

돈이 목적인 사람은 돈이 눈에 잘 들어옵니다. 보이는 족족 쓸어 담는다고 합니다. 반면 그 밖의 다른 것이 목적인 사람은 그 밖의 다른 것들이 눈에 잘 들어옵니다. 오랜 세월이 흐르면 둘은 평행선을 달립니다. 중년 이후에 다시 재회하는 초·중·고등학교 동창생, 30여 년의 세월이 흐른 뒤의 모습은 정말 각양각색입니다. 표면적으로는 부의 양이 힘처럼 보이지만 다른 곳에서는 정반대의 일이 일어납니다. 사람은 자기가 가진 것을 발견하고 그 가치를 인정함으로써 인생의 다음 단계로 진입합니다.

## 무엇에 애착하느냐가 삶을 결정한다

사람은 저마다 우선순위로 둔 가치에 정신적 에너지를 투여합니다. 마음을 찍는 엑스레이로 돈 잘 버는 사람의 마음을 24시간 밀착 촬영하면 어떨까요? 정신 에너지의 70퍼센트는 돈으로 가고 그런 내적 환경이 조성되는 모양이 찍힐 겁니다. 그들의 업적을 부러워하지 마세요. 그만큼 투자한 에너지가 큽니다. 반대의 마음을 가진 사람을 24시간 밀착 취재하면 반대의 것들이 보일 겁니다. 그들의 업적을 부러워 마세요. 그들은 거기에 모든 힘을 쏟았습니다. 각자의 마음소리에 충실하면 충분합니다. 존재감은 거기서 나옵니다.

돈 잘 버는 친구가 저에게 어떻게 그렇게 매년 책을 내냐고 부러

위하더군요. 저는, '너는 어떻게 그렇게 돈을 잘 버냐'고 물었습니다. 그리고 네가 돈에 몰입하는 것처럼 나는 마음소리에 몰입한다고 말했습니다. 그런데 많은 사람은 돈의 족쇄에 갇혀 그 밖의 다른 가치들을 못 보고 있습니다. 돈 걱정한다고 돈이 생기는 것도 아닌데 말이지요. 필요한 돈은 생길 것이라는 믿음이 있어야 합니다.

여자의 인생은 다 그렇다는 것의 기준은 무엇인가요. 가족 뒷바라지하다가 몸 쓰는 일을 하러 나가려니 자존심이 허락하지 않아서인가요. 남편이 사업상의 이유로 자정이 넘어 술에 취해 들어오는 날이 많고, 정체를 알 수 없는 해외출장이 잦고, 지병이 있더라도 돈 많은 남편의 아내는 '여자의 인생은 다 그렇다'는 말을 하지 않습니다. 돈이 보상해줍니다. 돈은 정말 많은 것을 해줍니다. 그렇게 생각이 굳어지면 돈의 노예가 되기 시작합니다.

"저야 전업주부 하다가 늦게 일을 찾아 나선 사람이라 합시다. 남편은 지금까지 정말 열심히 일했습니다. 남편에게 돈 잘 버는 잠재력이 없어서 돈을 못 번 걸까요. 그렇다면 세상이 너무 불공평하지 않습니까? 같은 직종에서 일하는 남편의 친구들은 재테크도 잘하더군요."

남편은 능력이 없는 것이 아니라, 단지 돈에 대한 애착이 떨어질 뿐입니다. 사람은 무엇을 애착하는지에 따라 그의 가치관과 삶이 결정됩니다. 애착 대상은 자아의 의지가 아닌 무의식이 선택합니다. 만일 세상 모든 사람이 집단의식을 따라 돈에만 애착한다면 세상은 '돈 세상'이 됩니다. 정말 재미없습니다.

유발 하라리의 《사피엔스》에 따르면, 전 세계 돈은 약 60조 달러입니다. 이 중 돈의 가치는 10퍼센트인 6조 달러입니다. 나머지 90퍼센트는 무장 경비원의 엄호를 받으며 은행에서 주무시고 있습니다. 세상 모든 사람이 돈에 종속되면 은행만 부유해지고, 무장 경비원만 늘어나지 않겠습니까. 생각만 해도 끔찍합니다. 인간관계, 일, 선행, 독서, 학문, 예술, 문학, 과학 등 애착 대상은 다양합니다. 단번에 부자로 만들어준다는 자기계발서에 현혹되지 마세요. 돈은 그저 수단이자 따라오는 것입니다. 자본주의는 이 원리를 깨뜨려 돈을 목적으로 만들어버렸습니다. 돈에 관한 한 자족하는 것부터 배운다면 더 많은 사람이 행복해지는 것은 명명백백합니다.


## 살아오면서 쌓은 나만의 자산을 생각하라

당신 부부는 고등학생 시절 한 문학 발표회에서 만났습니다. 두 분은 문학 소년의 낭만을 즐겼습니다. 청소년기에 무엇에 끌리는가를 잘 살피면, 앞으로 살아야 할 인생의 방향이 보입니다. 두 분은 서로 끌리는 것이 비슷했습니다. 친구같이 편하고 대화가 잘 통해 오랫동안 연애하고 결혼했습니다. 당신은 말했습니다.

"돈이 많으면 좋긴 하겠지만, 우리 부부는 어떻게 하면 많은 돈을 벌 수 있을까를 생각해본 적이 거의 없었습니다. 고정 봉급은 나오고, 하루를 기쁘게 사는 것이 곧 인생이라 생각했습니다."

그런데 자녀 교육비의 지출이 증가했습니다. 나이가 드니 생각하지 않은 일에 돈 쓸 일이 많아집니다. 궁여지책으로 주식에 투자했다가 손해도 좀 봤습니다. 나이 오십이 되자 돈으로 평가받는 일들이 점점 늘어납니다. 당신은 돈의 거대한 힘에 눌렸습니다. 일거리를 찾아다니면서 중년 여성 재취업의 척박한 현실과 돈의 괴력 앞에 자존감이 무너졌습니다. 돈 많은 남편을 둬 풍족하게 사는 동창생 아무개와 비교하니 삶이 비참해졌습니다. 온종일 땀을 흘리며 일해봤자 들어오는 소득은 최저시급. "여자의 인생은 다 이런 건가!"

갑자기 노후가 불안해졌습니다. 벌어놓은 것은 없는데, 앞으로 쓸 일은 많고. 그냥 자족하고 따뜻한 마음으로 살아왔는데…. 갑자기 삶이 원망스러웠습니다. 자신이 무능하고 초라해 보였습니다. 사실 여자의 인생만이 아니라 모든 인생이 그렇습니다. 나이 들면 불확실한 미래는 더 불확실해 보입니다. 돈 많은 사람은 넘쳐나는 돈 관리를, 그리고 질병과 죽음을 두려워하더군요. 다들 그렇게 돈의 횡포 속에 살아갑니다. 사람을 불안하게 하는 것의 실체는 돈이 아니라 '돈 걱정'입니다. 돈은 물과 같아서 필요한 곳을 채우고 다시 흐릅니다. 골을 깊게 파서 고이게 하니 돈이 썩고, 썩지 않게 관리해야 하니 돈 걱정에 나날을 소비합니다. 열심히 살면, 꼭 필요한 돈은 나를 찾아온다는 믿음을 가져야 합니다.

돈 걱정은 꼬리를 물고 계속 따라옵니다. 돈 걱정이 들 때는 지금 내가 가진 그 밖의 다른 자산이 무엇인지 생각해보세요. 지금까지 살아온 삶에서 농축된 부부의 자산을 찾아보세요. 중년 이후에도 대화가 통하는 부부는 흔하지 않습니다. 당신 부부는 서로 통합니다. 주말이면 공공 도서관에 함께 가서 반나절을 독서에 몰두하고, 가벼운 산책을 즐깁니다. 돈이 필요 없는 취미입니다. 시에서 주최하는 저렴하고 다양한 문화행사도 즐깁니다. 당신 부부는 둘을 하나로 이어주는 단단한 '중간 영역'을 가지고 있습니다. 그것은 돈으로 살 수 없는 삶의 의미이자 즐거움이고, 부부가 발산하는 에너지입니다.

이 땅의 많은 부부가 당신 부부 같으면 세상은 더 밝아질 것입니다. 그런 당신이 단지 돈 문제로, 여자의 인생은 다 그런 것이냐고 한숨을 내쉬는 것은 정말 어울리지 않습니다. 남편 정년은 아직 남았고 당신도 일을 시작했습니다. 직업에 귀천이 없다는 것과 돈 없이도 행복할 수 있다는 것을 세상에 당당히 보여줄 때가 왔습니다. 책에서 배운 것을 증명할 기회를 얻었습니다. 자신이 원했던 삶을 실천으로 옮기는 것은 최고의 은총입니다.

중년에 지금까지 살아온 것과는 전혀 다른 삶으로 리모델링하려는 시도는 매우 위험합니다. 당신 부부는 청소년기부터 문학 소년이란 기초에 걸맞은 인생의 건축물을 세워왔습니다. 그 위로 중년 이후의 삶을 리모델링해야 합니다. 지금 세상은 병에 걸렸습니다.

말의 상찬을 늘어놓는 사람이 아닌, 참된 자기로 살아가는 사람이 세상을 치유합니다. 당신 부부는 그렇게 살아왔고, 앞으로도 그렇게 살아갈 충분한 능력이 있습니다. 당신 부부의 삶이 곧 세상에 전하는 치유의 메시지입니다.

## 사람은 자신이 원하는 삶을 향해 나아간다

부모의 부동산을 물려받아 거액의 돈방석에 앉은 사람이 있습니다. 그는 돈이 곧 자기인 것처럼 과시하며 살았습니다. 그러다 돈 문제로 아내와 심각한 갈등이 생겨 이혼했습니다. 자식들도 마음은 아버지를 떠났습니다. 나이 60이 되니 외롭고 모든 게 다 허무했습니다. 그는 말했습니다. "남은 인생은 사회사업을 하고 싶어." 하고 싶은 것과 하는 것은 다릅니다. 그는 가야 할 길을 발견했지만, 돈만 알던 이전 삶의 방식이 그를 갈등하게 합니다. 은행과 각종 투자처가 그의 많은 돈을 보관하고 있습니다. 이자에 이자가 쌓여 돈은 계속 늘어나고 있습니다. 그게 다 은행 것이 아니면 누구 것이겠습니까. 그에게 '인생이 이게 아니구나' 하는 깨달음이 왔습니다. 그러나 지금까지 베풀지 못하고 살아온 그가 한 번의 깨달음으로 베푸는 자가 될 수 있을까요? 그는 먼저 내적 수양을 해야 합니다.

일찍부터 돈에 눈을 떠서 강남 노른자 땅의 대형평수 아파트에 살고, 고급 외제 승용차를 굴리고, 명품을 몸에 휘감고, 외로울 때마다 해외여행을 떠나고, 고급 식당을 찾아다니는 동창생 아무개와 당신을 비교하지 마세요. 그는 그런 삶을 원했고, 당신은 지금의 삶을 원했습니다. 삶은 매일매일 진화합니다. 왜 뒤따라오는 사람을 보고 절망합니까.

신의 사랑은 공평합니다. 신은 돈에 의지하고 살아야 할 사람들에게는 돈을 줌으로써 그가 절망하거나 삶을 포기하지 않게 합니다. 반면 돈에 의지하지 않고 자기 삶을 살 수 있는 사람에게는 돈을 주지 않음으로써 돈은 삶의 수단에 불과하다는 것을 세상에 보이십니다. 집단이 추구하는 가치보다는 개인의 가치를 더 중요하게 여긴 당신은 저만치 앞서가고 있습니다. 여자의 인생은 여자의 수만큼 다양합니다.

---

### 내 삶에 적용하는 Q&A

**Q.** 어떻게 해야 돈 걱정에서 자유로워질 수 있을까요?

**A.** 먼저 돈은 삶의 수단에 불과하다는 것을 알아야 합니다. 그리고 지금 내가 가진 돈 이외의 자산은 무엇인지, 그 가치를 어떻게 키울 것인지 생각해보세요.

## 시기심과 질투

사촌이 땅을 사면 배가 아픈 게 이상한 것일까? 아픈 게 당연하다. 형제가 땅을 사면 어떨까? 돈은 피보다 진하다. 그것도 배 아프다. 왜 그럴까? 인간의 무의식에는 시기심envy이 있고 누구나 여기서 자유롭지 못하다. 어디 가서 배우자와 자식 자랑을 하면 팔불출이라 한다. 이유는 상대의 시기심을 자극해서다. 그래봤자 관계에 득이 될 게 없다.

시기심은 생애 초기에 유아가 무한한 보고로 경험하는 엄마 젖가슴에서 최초로 발생한다. 먹어도 먹어도 고갈되지 않고 다시 채워지는 젖가슴, 유아에게는 그런 보고가 없다. 정신분석학자 멜라니 클라인Melanie Klein은 타인에게는 있고 자신에게는 없는 것으로 인해, 2자 관계에서 시기심이 생긴다고 했다. 시기심은 양의 문제로 누구에게나 있고, 상대가 가진 좋은 것을 파괴하려 든다는 점에서 심하면 정신병 증상을 유발한다.

시기심 맞은편에는 감사가 있다. 시기심보다는 감사 쪽으로 중심을 이동한 사람을 건강한 사람 또는 인격자라고 한다. 현자는 시기심이 아예 없는 사람이 아니다. 중심축을 감사로 더 이동시켜 시기심을 삶의 일부로 소화하여 자유로워진 사람이다. 짐작하기로는, 세상에 현자가 0.1퍼센트라면 인격자는 10퍼센트 정도이다. 그러니 어디 가서 상대의 시기심을 유발하는 일은 삼가야 한다. 90퍼센트는 귀가 가려울 것이다.

예전에 알던 어떤 기독교인은 모임에 낄 때마다 자식 자랑에 여념이 없었다. 그러고 나서 이렇게 말했다. "하나님의 축복은 함께 나누는 겁니다." 사람의 심리를 모르고 하는 말이다. 그는 자기애를 충족했고, 그 이야기를 듣는 사람은 시기심을 억눌러야 했다. 시기심은 질투 jealous로 변형될 수 있다. 질투는 3자 관계에서 느끼는 부러움으로 자기 성장의 동인이 된다.

# 나도 모르게
# 목소리가 점점 커집니다

제 목소리가 본래 작지는 않았습니다. 그래도 여자는 정숙해야 한다는 어른들의 잔소리에 작게 내려 했고, 조금 크더라도 부드럽게 조절하곤 했습니다. 그러나 나이 오십 초반에 들어서면서 거침없이 커지는 목소리를 스스로 통제할 수 없을 정도가 됐습니다. 작고 부드럽게 내자 다짐하지만, 한 10분 지나면 어느덧 목소리가 한 옥타브 정도 올라가 있습니다. 거기다가 한 맺힌 여인처럼 억울한 목소리가 나옵니다. 누군가는 남자 목소리 같다고도 합니다.

남편은 워낙 이해심이 많아 그런가 보다 합니다. 처음 만나는 사람들은 대체로 오해합니다. "저 여자 나에게 불만 있나. 내가 뭘 했기에!" 목소리가 클 뿐, 저는 타인에 대한 배려가 지나친 편입니다. 저를 아는 사람은 목소리로 오해하지 않습니다. 저는 다섯 자매 중에 막내였고, 바로 위 언니하고 나이 차이가 무려 일곱 살이니, 어린 시절에는 늘 혼자였습니다. 게다가 제가 태어날 때는 어른들이 아들인 줄 알고 있었는데 딸이라 크게 실망했다고 합니다. 그것과도 관련이 있는 것 같습니다.


## 울부짖는 목소리가 하는 말

여성과 남성 모두 중년에는 반대의 성호르몬이 나옵니다. 여성은 목소리가 크고 거칠어지고, 반대로 남성은 작고 부드러워집니다. 때에 맞춰 심리 내면에서도 반대의 성이 의식화됩니다. 사람의 무의식에는 의식과는 반대되는 성적 특성이 있습니다. 반평생 하나의 성을 주된 특성으로 삼아왔으니, 남은 생은 반대의 성을 통합한 인격을 갖추어야 합니다.

여성에게 남성성이 의식화되면 보통 목소리부터 커집니다. 그만큼 내적 힘이 강화되고, 추진력과 용기와 모험심도 생깁니다. 이때부터 남편은 아내의 눈치를 봅니다. 하지만 그것으로 인간관계에 문제가 생기고, 내가 나를 통제할 수 없다면 다른 이유가 있을 것입니다. 뭐든 과한 문제로 이어진다면 그것이 말하는 소리를 들어야 합니다.

저는 '한 맺힌 여자의 목소리' 그리고 '남자의 목소리'에 주목하려 합니다. 저 역시 당신의 격양된 목소리에서 '한'을 느꼈습니다. 억울한 죄수가 내 말 좀 들어달라고 호소하는 것 같았습니다. 당신은 남편이 워낙 잘 들어주고 뭐라 하지 않아, 어릴 적 상처가 다 치료됐다고 했습니다. 그렇게 잘 들어줬는데도 아직도 풀어놓을 이야기가 있는 겁니다. 좋은 남편이 반드시 좋은 치유자는 아닙니다. 남편은 아내의 한을 들어는 줘도 한의 밑바닥은 치유하지 못합니다. 당신 안에 있는 아이의 울부짖는 소리는 허공에 맴돌다 다시 그 아이에게 되돌아갔습니다. 자매는 많았으나 워낙 터울이 많이 져 함께 놀아줄 언니가 없었던 당신은 홀로였습니다.

나 홀로 동네 골목을 누비고 다니며 남아들이나 하는 꼬마 골목대장 노릇을 다 했습니다. 집에 들어와서는 늘 몸이 아픈 엄마를 걱정해야 했던 아이의 울음, 그 울음이 당신의 울부짖는 목소리입니다. "엄마, 저 왔어요. 저 엄마 힘들게 안 하려고 늦게까지 밖에서 놀다 왔어요. 엄마, 저를 좀 봐주세요." 엄마는 이불 위에 누워 계셨습니다. 가사 도우미는 언니들 귀가와 아버지 퇴근 시간에 맞춰 늦저녁을 준비하고 있었습니다.

엄마를 걱정해야 했던 아이에게는, 엄마라는 존재는 곁에 있어도 느낄 수 없었습니다. 아이는 엄마에게 나 좀 봐달라고 울고 싶었으나, 그러면 엄마가 더 아플 것 같아 울 수 없었습니다. 울음을 달래줄 사람이 없는 아이는 외롭습니다. 어머니는 알아서 잘 자라줘서 고맙다고 사람들 앞에서 아이를 칭찬했습니다. 아이는 그 소리가 정말 듣기 싫었습니다. 그럴 때마다 하고 싶은 말이 있었습니다. "엄마가 내 마음을 알아!" 아이는 속으로 울었습니다. 엄마는 늘 아팠거든요.

연년생인 바로 위 두 명의 언니가 격한 사춘기로 아픈 엄마를 괴롭힐 때, 아이는 알아서 잘했습니다. 자신까지 엄마를 힘들게 할 수 없으니, 아이는 울음을 엄마의 무덤덤한 칭찬과 교환했습니다. 자신도 모르게 점점 커지는 당신의 목소리는 엄마와 언니들에게 외치는 '한'입니다. "저에게 관심 좀 가져주세요. 제가 얼마나 외로운지 아시나요." 그러나 그때 그랬던 것처럼, 당신의 울부짖음은 '사람들은 왜 내 마음을 몰라줄까'로 되돌아왔습니다.

모성 콤플렉스가 변형된 당신의 남아다움은 패기로 인정받았습니다. 통솔력이 있어 학창 시절에 학급 임원을 도맡아 했습니다. 어린 시절의 결핍을 선생님과 급우들에게 보상받았습니다. 그러니 더 남아처럼 행동하는 여학생이 됐던 겁니다. 나를 좀 알아 달라는 내면아이의 외침이 통솔력으로 승화됐습니다. 급기야 당신은 여학생은 거의 없는 기계공학과에 진학하여 남학생들과 호형호제하며 지냈습니다. 그러다 대학교를 졸업할 즈음에 당신 안에서 울지 못한 아이가 본격적으로 제 목소리를 내기 시작했습니다. 그때 당신의 큰 목소리를 잘 들어주고 다독거려준, 이해심 많은 남자 친구가 지금의 남편이 됐습니다. 이것 또한 부부가 만나는 인연입니다.

## 중년의 애도는 깊을수록 나를 단단하게 한다

어린 시절의 중요한 사건들은 피할 수 없는 인생의 복선입니다. 복선은 단순히 운이 좋거나 나쁜 것이라고 말할 수 없습니다. 그것은 필연입니다. 인생은 그 사건 위에 집을 짓습니다. 환경 탓을 하는 것은 무모한 짓입니다. 환경에서는 배울 것을 배우면 됩니다. 당신은 환경 탓을 하지 않았습니다. 그것은 나약한 여자나 하는 짓으로 여겼습니다. 지금 당신은 자신의 남자다움이 본래 모습이 아니었다는 것과, 한 맺힌 목소리는 성향이 아니라 풀어야 할 감정이었다는 것을 알아야 합니다.

당신은 모태에서 나오는 순간 윗목에 방치됐고, 엄마는 시부모 눈치를 보느라 당신을 안아주지 못했습니다. 늦둥이라도 아들을 보겠다고 당신에게 남아의 옷을 입혔고 남자처럼 키웠습니다. 엄마는 다음엔 꼭 아들을 낳으려고 당신을 강하게 키우겠다는 집념 하에 무관심으로 일관했습니다. 당신이 씩씩하게 잘 커주니 엄마는 흡족하셨습니다. 당신은 동네 어른들이 수군대는 소리를 들었습니다. 당신의 엄마는 시부모와 증시부모의 눈치를 보느라 신병에 걸렸다는 말을요. 당신은 엄마의 더 강한 아들이 되어야 했습니다.

애도의 시간이 다가왔습니다. '나는 왜 그럴까'의 의문이 풀렸습니다. 원인을 몰랐던 당신의 울부짖음은 과거의 슬픔이 모여 만든 애가였습니다. 중년의 애도는 깊게 할수록 당신을 흔들리지 않는 단단한 존재로 만듭니다. 막 태어난 순간, 윗목에 방치된 때부터 슬퍼하세요. 그동안 슬퍼하지 못했습니다. 자, 보세요. 그 슬픔이 집단으로 항거하고 있습니다. 슬픔의 항거에 저항하지 마세요. 남아로 돌아가지 마세요. 슬퍼하지 못한 것을 슬픔에게 사과하세요.

'나는 왜 이럴까'가 '나는 이래서 이렇구나'로 바뀌면 마음은 가벼워지고 분산된 에너지는 하나로 모입니다. 당신은 빨리 알아차렸습니다. 그런데 목소리는 여전히 크고 울부짖고 있습니다. 당신은 여아의 감성이 아닌 남아의 이성으로 알아차렸습니다. 내면의 울부짖는 여아가 수치스러워, 남아로 도망치는 무의식적 행위를 되풀이하고 있습니다. 어린 시절의 방어적 생존전략은 중년에 재등장하여 의식을 교란합니다.

울부짖지만 울지는 못하는 당신, 울어야 합니다. 울면 울부짖을 필요가 없습니다. 어린 시절부터 지금까지 여아의 유치한 짓이라 여기며 억압한 감정을 만나야 합니다. 울면 서러운 감정은 정화됩니다. 나를 좀 알아달라고 하소연할 일이 없어지니 당신 안의 억압된 여성성은 자연스럽게 의식 위로 등장합니다. 당신의 목소리는 알아달라고 커질 필요가 없으니 잔잔하고 부드러워집니다. 반평생 이상 몸에 밴 습성을 고치려면 의식적으로 노력해야 합니다. 손목에 고무줄을 끼고 목소리가 올라갈 때마다 고무줄을 한 번씩 팅기는 행동치료 요법도 도움이 됩니다.

지금은 밖을 향해 웅변함으로써 존재감을 드러낼 때가 아닙니다.

안으로 돌아와 그동안 외면한 내면의 아이와 가식 없는 이야기를 나눠야 할 시간입니다. 변화가 시급한 때에 원형은 격한 감정으로도 의식에 신호를 보냅니다. '어린이 원형'이 당신을 위하여 당신에게 신호를 보내왔습니다. 원형은 친절합니다. 원형의 안내를 받는 한, 아쉬울 것도 후회할 것도 아픈 일도 없습니다. 원형과 조화를 이루면 그윽한 내면의 평화가 찾아옵니다.

## 내 삶에 적용하는 Q&A

**Q.** 내면의 평화를 얻기 위해서는 무엇을 먼저 해야 할까요?

**A.** 내면의 억압된 감정과 만나세요. 그 감정을 외면하거나 거부하지 말고 당당히 드러내세요.

## 억압한 감정을 표현하라

이제 우리의 자아는 무의식으로 여행을 떠났다. 의식의 층에서 조금만 아래로 내려가보면, 거기에는 평상시 잘 모르지만 우리의 삶에 큰 영향을 끼친 정신 요소들이 군집을 이루고 있다. 융은 이를 콤플렉스complex라고 했다. 사람들은 콤플렉스를 열등감으로 이해한다. 융의 콤플렉스는 열등감을 포함하며 그보다 더 넓은 차원을 말한다.

　융은 콤플렉스를 '감정적으로 강화된 내용'이라 정의했다. 나는 이 말을 우리의 정서에 맞게 '감정의 덩어리'라고 한다. 초기에 자신의 심리학을 '콤플렉스 심리학'이라 했을 정도로 콤플렉스는 융의 심리학에서 매우 중요한 개념이다.

　1910년 융은 '단어 연상 연구'라는 연구 결과물을 편집했다. 융은 단어 연상 검사법을 사용하여 환자를 치료했다. 융은 100가지 자극어를 만들어 그중 한 가지씩 환자에게 제시했고, 환자는 자극어를 듣고 연상되는 반응어를 단어로 말했다. 검사 중에 환자는 특정 단어에 대해 감정반응, 반응어 지연현상, 불필요한 의 성어 사용, 대답 못함 등의 반응을 보였다. 바로 그 단어와 관련해서 무의식에 감정의 덩어리, 즉 콤플렉스가 있었다.

예를 들어보자. '장미'라는 자극어에 황홀해져 심장이 뛰는 여성이 있다. 이것은 가끔 좋은 일이기도 하지만 항상 좋지는 않다. 본인은 왜 그런지 모른다. 사연은 이랬다. 중학교 때에 총각 선생님을 짝사랑했다. 어느 날 소녀는 교정에 핀 장미꽃을 한 송이 꺾어 선생님 수업 시간에 교탁 위에 올려놓았다. 선생님은 매우 좋아하시면서 코에 꽃을 대고 향기를 맡았다. 그때에 소녀는 황홀했고 그녀의 심장이 뛰었다. 이것이 '장미 콤플렉스'가 되어 그녀를 지금까지 황홀하게 하고, 심장을 뛰게 한 것이다.

화병을 예로 들어보자. 화병에 걸렸다는 사람들은 주먹 크기의 돌이 가슴을 돌아다닌다며 통증을 호소한다. 말하지 못한 억압된 감정이 콤플렉스로 딱딱한 돌덩이가 된 것이다. 그가 과거의 이야기를 꺼내며 억압된 감정을 자유롭게 표현할 수 있다면, 돌덩어리가 작아지거나 아주 없어져 마음의 병에서 치료될 것이다. 이를 '콤플렉스의 의식화'라고 한다. 이렇게 함으로 그 콤플렉스를 자아의 통제 아래 둔다. 융의 정신치료는 '콤플렉스의 의식화'에 있다.

콤플렉스는 평상시에는 잠재되어 있다가 외부 자극을 받을 때 억압된 기억, 환상, 이미지, 기타 연상 자료들을 떠올리게 하며 의식에 동요를 일으킨다. 이것은 자아의 의지와는 무관하게 일어나는데 이를 '콤플렉스의 자율성'이라고 한다. 콤플렉스는 의식의 승인을 받지 않고 독자적으로 활동한다. 따라서 콤플렉스는 부분 자아로서 기능하기도 한다.

어떤 콤플렉스는 자아에 매우 깊이 개입하여 자아의 자율성을 방해한다. 이를 '콤플렉스의 포진constellation(별자리)'이라고 한다. 콤플렉스의 포진은 본인이 통제하기 어려운 감정의 동요를 일으킨다. 억압한 감정을 표현함으로써 콤플렉스를 의식에 통합할 수 있다.

# 투구 쓰고 갑옷을 입고 살았습니다

남편이 세상을 떠난 지 10년 됐습니다. 사업이 한창 번창할 때에 떠났지만, 그래도 가족들 평생 먹고살 것은 해놓고 떠났습니다. 실은 남편은 사업가보다는 심리상담사에 어울리는 사람이었습니다. 저의 타고난 사업가 기질이 남편을 성공시켰습니다. 남들은 우리 부부를 천생연분이라고 하는데, 제 눈에 남편은 답답한 사람이었습니다. 남편과 살면서 저의 소망은 답답한 남편을 성공시켜 나의 존재감을 키우는 일이었습니다. 그것이 누이 좋고 매부 좋은 일 아니겠습니까.

남편은 저의 욕구를 따라잡기 벅차했습니다. 아무튼 남편과 사별 이후에 저의 독특한 성향이 발견됐습니다. 세상을 보는 관점이 냉소적이라는 겁니다. 세상일에는 양면이 있다는 것을 알지만, 제 눈에는 부정적이고 회의적인 것이 먼저, 크게 보입니다. 이상하게 그럴 때에 저의 존재감이 살아나고, 제가 살아야 하는 이유를 발견합니다. 이것은 무슨 현상인가요?

## 죄책감은 자신을 돌아보라는 무의식의 신호

세상을 보는 냉소적 관점이요? 오히려 그럴 때 힘이 생긴다고요. 냉소가 냉소로 끝나면 부정적인 사람이 되고 맙니다. 냉소는 당신에게 세상을 더 열정적으로 살아야 하는 이유를 제공해줬으니, 냉소가 가진 긍정적 측면이 있는 것은 분명합니다.

그러나 중년 이후에 그 냉소에 따뜻함이 따라주지 않으면, 내가 나로부터 소외됩니다. 내 곁의 사람도 나를 떠납니다. 사람은 밖으로 투사하는 것을 또한 내사합니다. 차가운 것을 투사하면 차가운 것을 돌려받고, 따뜻한 것을 투사하면 따뜻한 것을 돌려받습니다. 남편이 세상을 떠나자 당신의 냉소는 인격의 전면에 드러났습니다. "그래봤자 먼저 가버렸고, 나 혼자 남았잖아. 삶이 그런 거지 뭐, 아낌없이 퍼주면 아낌없이 공허해지는 거." 시간이 흐를수록 일찍 떠난 남편이 미워졌습니다.

그럼, 남편이 세상을 떠나기 전에 당신의 세계관은 어떠했습니까? 당신은 따뜻한 사람이었나요? 아닐 것입니다. 당신은 남편을 앞세워 당신 일을 해왔습니다. 세상을 보는 당신의 '냉소'가 남편을 성공시키려는 열정으로 변했습니다. 마음이 따뜻하다 못해 유약한 남편은 당신의 열정을 따라가기 벅찼습니다. 남편이 세상을 떠나자 열정으로 표현된 '냉소'가 다시 당신 인격의 전면에 재등장했습니다. 당신은 본래의 모습과 직면할 시간에 서 있습니다. 그것과 맞서서 남편이 아닌 당신 자신을 성공시켜야 할 때가 왔습니다. 그것이 남편이 아내에게 남기고 간 가장 큰 선물이 아닐까요.

그럼, 남편은 당신 때문에 희생당한 걸까요? 사람에게는 힘든 일을 하고 싶은 본능이 있습니다. 너무 힘들고 하기 싫은 일임에도, 이상하게 자신을 그 힘듦으로 몰고 가는 겁니다. 힘듦이 주는 즐거움이 있습니다. 남편은 그래서 그 일을 했습니다. 당신이 떠미는 일이 힘들어서 먼저 가신 것은 아닙니다. 당신은 누구보다도 남편을 잘 알고 있습니다. 남편은 당신의 의지를 알아채고 최선을 다해 돕는 천사였습니다. 당신 또한 남편에게 천사입니다. 그래도 당신이었기에 남편은 자신의 내향적 성향을 되돌아보고, 세상을 향해 제 목소리를 낼 수 있었으니까요.

당신은 긴 세월 그 냉소와 반대되는 것들을 하며, 거기서 힘을 받아 살아왔습니다. 냉소는 객관적 시각, 분별력, 새로운 일에 동기 부여를 하는 요인이었습니다. 당신은 유능한 아버지와 자신을 동일시했고, 상대적으로 열등한 엄마를 아버지가 하듯이 무시했습니다. 이를 정신분석이론에서는 '남근선망'이라고 합니다. 남자가 되고 싶은 여자는 남성을 경쟁 상대를 보고 여성은 무시합니다. 성 정체성이 남성에 가까운 여성, 그들은 세상을 냉소적으로 봅니다. 남자와 싸워 승리함으로써 여성의 위대함을 돋보이려고 하기에 승부 근성이 남다릅니다. 막상 승리하면, 여성이지만 여성이 아닌 자기 모습에 공허해집니다.

당신은 남편을 시켜 사업에 성공함으로써 세상을 이겼습니다. 남편은 자신조차 몰랐던 능력을 당신을 통해 발휘했습니다. 그래서 서로가 서로에게 천사입니다. 떠난 자에 대한 죄책감은 당신에게 아무런 도움이 안 되고, 떠난 자도 결코 원하지 않습니다. 건강한 죄책감은 겸손과 역지사지를 배우게 합니다. 지나친 죄책감이 남기는 것은 우울입니다. 죄책감은 자기를 돌아보라는 무의식의 친절한 알림이지, 자기 비난이나 자기 처벌을 하라는 신호가 아닙니다.

당신은 페미니즘에 대한 책 한 권도 읽지 않았으면서 페미니스트라는 말을 많이 들었습니다. 미해결된 남근선망과 경쟁심리가 당신을 페미니스트처럼 보이게 했습니다. 당신은 냉소에 대한 반동형성을 통해 열정적으로 살아왔습니다. 하지만 지금은 냉소가 아니라, 당신 안에 본래 있던 따뜻함을 무의식의 우물에서 길어 올려야 합니다. 그래야 삽니다. 중년의 무의식은 반동형성을 기반으로 살아가는 것을 허락하지 않습니다. 그것은 너무나 많은 에너지를 필요로 하고 헛됩니다. 본래 당신의 '여성성'을 찾아야 합니다.

당신은 그동안 세상과 겨뤄 많은 승리를 했습니다. 승리의 기쁨은 잠깐, 또 다른 전투를 준비해야 했습니다. 그만큼 이겼으면 충분합니다. 당신도 지쳤습니다. 지금부터는 지는 연습을 해야 하지 않겠습니까. 인생은 이긴 만큼 저줄 책임이 있습니다. 그래야 세상이 균등히 돌아갑니다. 당신에게 지는 연습은 '냉소'라는 무기를 버리고 '따뜻함'의 무기를 사용하는 겁니다. 냉소는 나만 승리하는 것이라면, 따뜻함은 나와 너 모두 승리하는 것입니다.

## 결핍은 내면에서 보상받아야 한다

당신 부부는 외부에서 사람 만나는 것을 즐겼습니다. 둘의 관계가 나쁜 것은 아니지만 딱히 좋다고도 할 수 없었습니다. 집에만 오면 둘이 말다툼을 한 것도 아닌데, 둘 사이에 더 이상 가까이 갈 수 없는 장벽 같은 것이 있었습니다. 이게 뭘까 의심했지만, 당신의 냉소는 그런 의심을 쓸데없는 짓이라 여겼습니다. 그것은 서로가 각자 가진, 그리고 부부가 공유하는 마음의 그림자였습니다. 당신은 장군이 되어야 했고, 남편은 장군의 지휘를 받는 모조 장군이어야 했습니다. 당신은 내면의 여성성을 가려야 했고, 남편은 내면의 남성성을 가려야 했습니다. 거꾸로 됐습니다. 이렇게라도 서로의 욕구가 겹쳐 부부의 인연이 만들어집니다. 이것도 천생연분입니다.

중년 이전에는 결핍을 보상받으려고 외부로 뛰어다닙니다. 중년 이후에는 그 결핍을 내면에서 보상받으려 자기 안으로 들어와야 합니다. 당신은 남편의 따뜻함을 통해 따뜻함의 가치를 발견했습니다. 그 따뜻함이 자신에게도 있음을 어렴풋이 알았지만, 인정하면 세상을 이길 수 없는 약자가 되는 것 같았습니다. 그래서 억압했습니다. 남편은 당신의 당당함으로 자신 안에 있는 당당함을 알아차렸습니다. 남성성의 가치를 발견했습니다. 그런데 왜 남편은 자신 안의 여성성을 일깨우지 못했냐고요? 그것은 묻지 마세요. 그것은 남편의 몫입니다. 모르는 것은 모르는 대로 놔두는 것이 지혜입니다.

지금부터는 에너지를 자신에게 돌리세요. 내면 소리를 듣는 연습을 하세요. 내가 원하는 것이 무엇인지 들어보세요. 내가 나를 돌보는 방법이 무엇인지 들어보세요. 나의 존재감은 전투에서의 승리가 아닌, 나 자신에게서 나온다는 것을 알아차리세요. 자신과의 전투에서 승리한 후에 또 다른 외적 전투에 참여할 것인가 말 것인가는 선택의 문제입니다. 몇 년간은 내적 전투에만 전념하세요. 따뜻함이 당신의 인격 전면에 포진하게 될 겁니다.

우선 그동안 냉소로 살 수밖에 없었던 자신의 삶을 따뜻하게 인정하는 것부터 시작해야 합니다. 당신의 어린 시절, 학창 시절, 결혼 생활, 과거 당신의 삶을 통째로 인정하고 수용하세요. 아쉬움이나 후회는 부질없는 감정 낭비입니다. 자신의 삶을 통째로 수용하는 사람은 누구나 다 아름답습니다. 그는 따뜻한 사람이 되고, 세상에도 따뜻한 감정을 투사하게 됩니다. 냉소적인 사람은 자신에게 냉소적이고, 비판적인 사람은 자신에게 비판적입니다. 사람은 안에 있는 것을 밖으로 투사합니다. 내면의 따뜻함을 찾으면 그것을 세상에 투사하고 되돌려 받을 수 있습니다.

자기의 깊이에 도달한 사람은 상대에게 정을 주는 것이 가능합니다. 속을 나눌 친구가 없다던 당신, 투구를 쓰고 갑옷을 입은 장군으로 살아와 당신에게 박수를 쳐주는 사람만 있었습니다. 그까짓 박수는 단 몇 초입니다. 갑옷과 투구의 두께 때문에 사람들은 당신 뒤로 물러섰습니다. 얼마나 무거우셨습니까. 지금은 투구와 갑옷을 벗으세요. 연약한 사람이 되는 것이 아니라 본래의 자기가 되는 겁니다.

---

**내 삶에 적용하는 Q&A**

**Q.** 냉소적인 관점을 어떻게 변화시킬 수 있을까요?

**A.** 냉소에는 따뜻함이 동반되어야 합니다. 자신의 삶을 따뜻하게 인정하고, 타인이나 세상을 향해서도 따뜻함을 투사하세요.

## 부분 대상관계와 전체 대상관계

노무현 전 대통령은 유시민 작가에게 정치는 하지 말고, 방송을 하는 편이 좋 겠다고 말했다고 한다. 인간적인 노 대통령의 입장에서 정치의 중심에 사람은 없고 서로 이용하고 이용당하는 도구적 관계만 있다는 것을 깊이 인식했을 것 이다. 이처럼 자신의 욕구에 따라 타인을 이용하는 것을 '부분 대상관계'라고 한다.

유 이사장은 한동안 공중파 방송 활동을 활발히 하다가 지금은 많이 줄였다. 방송계에도 자신의 명예를 위하여 타인을 물고 물리는 부분 대상관계가 횡행한다 는 사실을 인식하고, 거기에 끼어들고 싶지 않아서였을까?

유 이사장은 자신이 '작가'로 불리기를 원한다. 작가는 자신이 쓰는 글 안에서 마음껏 자신을 표현하면 된다. 자신에게 솔직한 사람이 타인과도 솔직한 관계를 맺어나간다. 인격 대 인격의 관계가 가능하다. 이를 '전체 대상관계'라고 한다.

물론 권력과 명예의 중심에도 드물게 전체 대상관계는 존재한다. 인격과 인격이 교류하는 전체 대상관계에서도 타자를 나를 위한 도구로 사용하는 부분 대상 관계가 존재한다. 그러나 거의 습관적으로 타인을 부분 대상으로 취급하는 사람은 유년기에 좋은 관계를 경험하지 못했을 가능성이 크다. 인격의 문제라기보다는 성장 과정이나 환경의 문제지만, 사회에서는 인격이 잘못된 사람으로 취급당한다.

그런 욕망을 가진 사람은 인간성을 뒤로하기에 경쟁에서 능력을 발휘해 남다른 성취를 할 수도 있다. 사회적 성취를 한 사람에게서 인격적 대우를 받지 못하는데도 유독 그를 추종하는 사람이 있다. 그는 성취한 사람을 자신과 동일시함으로써 취약한 자존감이 올라간다고 믿는다. 이를 '이상화'라고 한다. 대표적인 예가 사이비 교주와 신도와의 관계이다. 사이비 교주는 그의 신도를 부분 대상으로 취급하여 이용하고, 신도는 교주를 이상화한다. 우리 사회에서 종종 일어나는 이 같은 일들은 최악의 비극이다. 만일 그가 권력의 중심에 서 있으면, 그는 거의 완벽하게 권력을 사익으로 이용한다.

# 가족들이 제 잔소리를
# 이해 못합니다

집에서 새는 바가지는 바깥에서도 샌다고 하지 않습니까. 그러면 바깥에서 새지 않는 바가지는 집에서도 새지 않는 것이 맞습니다. 저를 아는 바깥의 많은 사람은 저를 확실하고 믿을 만한 사람으로 봅니다. 제 남편은 저 같은 똑순이를 만나서 복 받았다고 하지요. 그런데 집에서는 전혀 아닙니다. 결혼 초부터 남편은 저에게 잔소리쟁이라는 별명을 붙였고, 대학교와 고등학교에 다니는 두 명의 아들도 덩달아 저를 잔소리쟁이라고 합니다. 제가 하는 말은 거의 항상 옳고, 그대로 안 해서 탈이 나는데 말입니다. 저는 그런 가족을 이해할 수 없습니다. 그런데 가족은 저를 이해할 수 없다고 합니다. 바깥에서는 제 말이라면 팥으로 두부를 쑨다고 해도 믿는데 말입니다. 왜 집에서는 이런 일이 생길까요?

이 세상의 모든 잔소리는 하는 사람의 입장에서는 항상 옳습니다. 그러나 듣는 사람의 입장에서는 옳지 않습니다. 옳고 그름의 기준은 사실보다 감정이 크게 좌우하기도 합니다. 당신의 가족은 당신에게 불편한 감정을 가지고 있습니다. "내 말은 맞고 네 말은 틀리다." 이는 소위 '꼰대'로 가는 지름길입니다. 벌써 꼰대가 되면 소통할 사람을 잃고, 사람들이 내 곁을 서서히 떠납니다. 젊어서 똑순이는 나이가 들면 꼰대가 됩니다.

바깥에서의 평판이 만점인 사람은 가정에서는 50점을 채 받기 힘듭니다. 바깥에서 만점을 받기 위해서는 타인과 일에 자기를 맞추어야 합니다. 그들은 타인이나 외부 활동에 맞추기 위해 억압한 감정을 집으로 가지고 들어와 가족에게 발산합니다. 이들이 가족에게 하는 잔소리는 바깥에서 못한 자기표현입니다. 이런 여성들의 의식은 이성의 논리로 가득 차 있습니다. 그러니 이성의 원리가 작용하는 사회생활은 잘하고, 감성의 원리가 작용하는 가정에서는 인간관계를 잘 못합니다.

초점은 여기에 있습니다. 당신의 의식은 남성성, 즉 이성으로 무장했습니다. 여성으로서 의식에 자리 잡아야 할 여성성, 즉 감성은 오히려 무의식에 억압했습니다. 나는 꼭 도덕 선생님하고 사는 것 같다는 남편의 투덜거림을 귀담아들어 보세요. 집에서도 도덕 선생님 같다면 현명한 엄마와 아내는 아닙니다. 이는 여성성이 덜 의식화된 것입니다. 여성성은 부드러움, 친절함, 따뜻함, 수용하는 마음 등입니다. 당신은 이런 특성을 효율성이 떨어지는 사치스러운 것이라 여겼습니다. 오히려 그런 특성을 가진 남편을 남자답지 않다고 편잔했습니다.

그렇지 않습니다. 남편의 남다른 여성성이 당신의 성격을 견디고 20여 년의 결혼 생활을 유지하게 했습니다. 그래서 두 아들이 숨 쉴 구멍이라도 생긴 겁니다. 당신은 남편의 여성적 특성을 남자답지 않다고 폄하했습니다. 여성성이 부족한 자신의 모습을 회피한 것입니다. 내적 성장은 나에게 없는 것을 없는 것으로 인정하면서 시작합니다. 없는 것을 약점이라 여기고 억압하거나 회피하면 경직된 인격이 됩니다. 당신에게는 여성성이 없는 것이 아니라 사용하지 않아 잠시 숨어 있을 뿐입니다. 지금까지는 그것이 장점이 되어 사회생활을 잘했습니다. 그러나 사회와 가정의 구별이 안 돼, 가족의 갈등이 수면 위로 올라왔습니다. 원형은 당신이 변해야 할 때를 외부의 변화를 통해서도 친절하게 알려줍니다. 지금이 그때입니다.

당신에게는 여성성을 대체한 뛰어난 인지기능이 있습니다. 집에 들어와서는 감성을 사용해야 하지만, 당신은 그것을 나약한 인간의 자기변명으로 생각했습니다. 가족 신화를 다시 쓰려고 당신은 냉철한 아내와 엄마가 됐습니다. 당신이 가족에게 하달하는 것은 장수의 명령이었습니다. "나를 따르라."

내가 변화할 때라는 신호는 가족에게서 옵니다. 나를 대하는 가족의 태도가 바뀐 것은 나를 무시하는 것이 아닙니다. '지금까지는 안 그랬는데 갑자기 왜'라는 의문이 드나요? 가족들 역시 변하려는 겁니다. 나의 무의식은 가족의 의식이 되어 내게 교훈을 줍니다. 당신의 잔소리는 멈추고 가족의 잔소리를 들어야 할 때입니다. 좀 불편하겠지만 가족은 당신이 그동안 모르고 살아왔던 것들을 알려줍니다. 잘 듣는 것만으로도 변화는 시작됩니다.

집에서는 당신의 도덕 선생을 음악 선생으로 바꾸어야 합니다. 당신의 장수를 광대로 바꾸어야 합니다. 당신의 뛰어난 사회적 능력을 주부의 평범한 일상으로 바꾸어야 합니다. 당신은 권위 있는 교단에서 정장을 입고 예의 갖춘 말을 하며 살았습니다. 가정은 그곳과 다릅니다. 당신은 청바지와 티셔츠를 입고 가족들과 소소한 일상 이야기를 주고받으며 살아야 합니다. 여기가 가정입니다.

집안에서는 좀 어리석어 보여도 됩니다. 가족이 그 틈으로 숨을 쉽니다. 지금부터는 그동안 외면한 허름하고 빈틈이 많은 것들을 나의 것으로 소화하는 긴 과정이 필요합니다. 그동안 안 쓴 연장을 쓰는 겁니다. 손에 맞지 않아 불편하겠지만 곧 익숙해질 것입니다. 그동안 몰랐던 것을 하나씩 알아가는 기쁨이 있을 겁니다. 지금부터는 사회생활도 그렇게 해야 합니다. 당신이 불편해 떠났던 동료와 후배들이 당신 곁으로 모여들 겁니다.

당신은 삼 남매 중 둘째로 컸습니다. 공부를 잘해서 부모의 기대와 지원을 아낌없이 받던 언니, 아들이라서 부모의 사랑을 듬뿍 받은 남동생, 당신은 둘 다 아니었습니다. 남동생을 보면 남자 콤플렉스가 생기고, 언니를 보면 공부 콤플렉스가 생겼습니다. 철부지 남동생과는 달리 일찍 철이 들어 부모의 인정을 받아냈습니다. 공부로는 언니를 따라잡을 수 없었지만, 부모의 눈치를 잘 살펴 그분들이 원하는 것을 함으로써 인정을 받았습니다. 당신은 눈치 빠르고 냉철하고 이성적인 사람입니다.

당신은 언니처럼 부모에게 무리한 경제적 요구를 하지 않았습니다. 남동생처럼 격렬한 사춘기로 부모를 괴롭히지 않았습니다. 자녀는 그들의 부모와 싸우면서 어른이 됩니다. 당신은 자신과 싸우면서 어른이 됐습니다. 당신은 어른이 되려 억압된 욕구를 잔소리 형태로 가족에게 터뜨렸습니다. 너그러운 남편의 유효기간이 끝나갑니다.

당신은 무의식 중에 자신에게는 부족한 여성성을 많이 가진 남성을 배우자로 선택했습니다. 그것은 매우 옳았습니다. 부부는 이렇게 맺어져 서로 보완하며 삽니다. 그리고 중년이 되면 보상의 욕구를 버리고 자기를 회복해야 합니다. 그때가 왔습니다. 원형은 표면적 갈등이나 낯선 감정으로 성장의 시기를 알려줍니다. 중년에는 무조건 내가 먼저 변해야 합니다. '나는 잘하고 있는데 남편이…' 천만에요. 그런 생각은 갈등만 증폭시킵니다.

잔소리는 '너는 나를 따르라'는 언어의 강제입니다. 내 말이 옳아도 자주 하면 잔소리는 잔소리입니다. 세상은 항상 옳은 쪽으로 가지 않고 옳다고 항상 좋은 것도 아닙니다. 그 반대가 오히려 좋을 수도 있음을 배워야 할 시기입니다. 잔소리는 상대를 나의 기준으로 가두는 독재 행위입니다. 상대가 약자면 이슬비에 도포 젖는다고 그에게 트라우마가 됩니다. 잔소리는 내 의견을 상대에게 주입하는 겁니다. 잔소리가 필요한 사람도 있지만, 힘에 못 이겨 잔소리를 듣는 사람은 나중에 신경증을 겪으며 삶의 질이 현저히 떨어지게 됩니다. 당신 가족이 당신의 잔소리에 대항하는 것을 감사히 여겨야 합니다.

고인 물이 썩듯이 잔소리는 새롭게 나갈 길을 찾지 못한 중년의 불평입니다. 잔소리쟁이의 정신 에너지는 어느 한 지점에 멈춰 있습니다. 그들은 거의 항상 이전의 것에 기준을 둡니다. "나 때는 말이야" 하며 앞으로 나가지 못하는 사람이 자기를 보호하는 수단으로 잔소리를 합니다. 당신은 지금 앞으로 나갈 출구를 찾아야 합니다. 새로운 출구는 새로운 가치관을 필요로 합니다. 과거에 쌓아놓은 업적은 있는데, 앞으로는 어떻게 살아야 할지 모르니 불안하고 답답하여 잔소리가 늘어납니다. 여전히 가야 할 길을 아는 노인은 잔소리하지 않습니다. 제 갈 길도 바쁜데, 남에게 간섭할 시간이 어디 있겠습니까.

당신은 매우 의미 있는 에피소드를 제게 들려줬습니다. 5월의 어느 퇴근길, 당신은 꽃집 앞을 지나가고 있었습니다. 쇼윈도에 진열된 분홍빛 튤립이 예뻐 걸음을 멈췄습니다. 당신은 꽃을 싫어하지는 않았지만 꽃꽂이는 싫어합니다. 그까짓 것 거실에 며칠 두자고 살아 있는 꽃을 꺾어 집 안에 들이는 일은 정말 무모하기 짝이 없는 일이라 생각했습니다. 그날 당신은 발걸음을 멈췄고, 꽃집 안으로 들어갔습니다. 무모하게도 비싼 돈을 들여 꽃바구니를 크게 만들어 샀습니다. 가족들은 꽃바구니를 들고 귀가하는 당신을 보고 깜짝 놀랐습니다. 처음 있는 일이었습니다. 변화는 일상에서부터 시작합니다.

---

### 내 삶에 적용하는 Q&A

**Q.** 가족들을 위해서 하는 잔소리가 잘못됐나요?

**A.** 가정과 사회에서 필요로 하는 특성은 서로 다릅니다. 가족들에게는 냉철한 이성보다는 따뜻함, 수용과 같은 감성으로 대하세요. 잔소리는 상대를 나의 기준에 가두는 언어 습관에 불과합니다.

## 미운 정 고운 정

재테크에 깊이 빠져 있는 남편, 그는 공돈의 맛을 알았다. 종교 경전 읽는 것을 삶의 기쁨으로 삼는 아내, 그녀는 영적인 맛을 알았다. 두 사람의 부부관계는 어떨까? 남편이 볼 때 아내는 현실 감각이 없고, 아내가 볼 때 남편은 너무 세속적이다.

어떻게 이렇게 서로 다른 성정을 가졌을까? 가정환경과 관련이 있다. 남편의 아버지는 돈을 쓸 줄 모르고 모으는 데만 전념했다. 남편은 그런 아버지가 싫었지만 무의식적으로 삶의 지표로 삼았다. '아버지처럼 살기 싫어'라는 생각에는 아버지처럼 살고 싶은 욕망이 공존한다. 그 욕망이 자장이 되어 그와 유사한 자료들을 끌어모은다. 그래서 남편의 자장은 돈을 끌어들였다.

아내 역시 어린 시절에 궁핍했으나, 그녀는 독서로 그 궁핍을 채웠다. 힌두교 경전인 《바가바드 기타》를 고등학교 때부터 읽었다. 아내는 영적인 것이 자장이 되어 그와 유사한 자료를 끌어들이며 '부모를 넘어서'가 삶의 지표가 됐다. 초기

가정환경은 아동이 어찌할 수 없다. 아동에게는 타고난 것이나 다름없다. 따라서 타고난 것과 환경에서 배운 것은 둘이 아닌 하나이다.

그럼 어떻게 서로 다른 사람이 부부가 됐을까? 부부는 대체로 그렇게 만난다. 내 안에는 없는 것을 상대에게서 발견하고 끌리는 거다. 아내는 남편의 현실 감각에, 남편은 아내의 영적 감각에 무의식적으로 끌렸다. 타인이 볼 때는 전혀 어울리지 않는 커플도 이런 힘이 작용하면 결혼하여 부부의 인연을 맺는다.

부부가 검은 머리가 파뿌리가 되도록 함께 살자는 것은 장수나 하자는 뜻이 아니다. 파뿌리, 곧 흰색은 성장을 의미한다. 흰머리가 나기 시작하는 중년에는 자기성찰을 한다. 내게는 없으나 배우자에게는 있는 것을 이해하기 시작한다. 그것들도 내 것의 일부로 받아들이는 힘든 내적 과제를 수행해야 한다. 이는 갱년기와 같이 생물학적 과제처럼 각자 앞에 등장한다. 이게 너무 힘들면 부부관계도 힘이든다. 힘드니 아예 성장을 포기하고 감각적인 삶에 안주해버리기도 한다.

노년이 되어 부부가 백발이 되면, 미운 정과 고운 정이 서로 얽혀 나는 나대로 있으면서 상대를 있는 그대로 수용하는 단계가 된다. 삶의 마지막 단계에 마주하는 성숙의 징표이다. 죽음은, 상대는 상대가 되고 나는 내가 되어 깊은 강을 건너는 거다. 독립영화 〈님아, 그 강을 건너지 마오〉는 마지막 정을 떼는 슬픔의 표현이다. 님의 정을 떼야 더 큰 세계로 편입하며, 더 큰 존재가 되어 다시 만날 수 있다.

# 남들의 기대에
# 부응해야 할까요

저는 서울의 명문대학에서 국문학을 전공하여 석사학위를 취득한 오십
대 초반의 주부입니다. 그동안 초중등 학생을 대상으로 논술 지도를 했습
니다. 가정사에 충실하면서 저와 아이들 용돈 정도는 벌었습니다. 그러나
나이 탓인지 점점 일거리는 줄어들고, 아이들에게 들어가는 돈은 늘어났
습니다. 남편의 봉급으로는 한계에 봉착해 취업이 잘된다는 간호조무사
를 하려 합니다. 직업에 귀천이 있는 것은 아니지만, 석사학위를 가진 사
람으로서 자존심이 상하는 일이라며 가족은 물론 친구들도 만류합니다.
그런데 저는 아무렇지도 않고, 잘할 수 있고, 보람도 있을 것 같습니다. 지
인들은 제가 그 일을 해봤자 얼마 못 간다고 그 돈과 시간을 다른 곳에 투
자하라 합니다. 제가 이상한 건가요?

## 사회가 부여한 페르소나에 연연하지 않는 힘

심리학에는 페르소나라는 용어가 있습니다. 페르소나는 그리스어로 '가면'을 뜻하며, 사회가 그에게 부여한 직책을 말합니다. 당신은 여성, 엄마, 아내, 논술 교사, 명문대 국문학 석사라는 페르소나를 가졌습니다. 자아는 페르소나를 통해 외적 세계와 만남으로써 사회에 적응합니다. 한 사람이 가진 다양한 페르소나는 서로 유기적인 관계에 있고, 상황에 따라 유연성을 발휘해야 합니다. 밖에서는 논술 교사의 페르소나를 썼다가, 집에 들어와서는 엄마의 페르소나로 갈아 써야 합니다. 그러지 않으면 논술 교사로서 자식과 남편을 대할 것이고, 가족과의 갈등을 피할 수 없을 것입니다.

페르소나가 곧 그 사람의 인격은 아닙니다. 명문대 석사학위는 당신의 페르소나지 인격은 아닙니다. 당신의 지인들은 페르소나를 위하여 자아의 소망을 포기하라고 합니다. 그러나 당신은 자아의 소망을 위하여 새로운 일을 하려 합니다. 중년에 시작하는 새로운 일은 새로운 인생을 살게 합니다. 머리로 하는 일은 좋은 일이고, 몸으로 하는 일은 나쁜 일이라는 사회적 통념을 당신은 넘어서 있습니다.

직업군 중에 특히 변하기 힘든 페르소나는 '가르치는 사람'입니다. 교수, 교사, 목사, 법률가 등이 여기에 속합니다. 이들은 주로 말로 모르는 사람을 가르칩니다. 거의 항상 타인보다 많이 알고 있습니다. 이들에 대한 사회적 기대는 높고 어디에서든 인정도 받습니다. 그러니 이들은 변하려 하지 않는 단단한 페르소나를 가집니다. 그런데 당신에게는 유연성이 있습니다. 자신의 인격을 페르소나와 동일시하지 않는 겸손한 사람입니다.

당신은 인생 후반에 몸 쓰는 직업으로 이직하려 합니다. 그런데 오히려 마음이 편해짐을 느꼈습니다. 보람을 느낄 수 있다는 소망은 의식이 아닌 무의식에서 나왔습니다. 사람은 사회적 인식에 많은 영향을 받습니다. 사회가 부여한 페르소나에 연연하지 않는 힘은 원형에서 나옵니다. 원형의 의식화, 곧 원형의 도움은 새로운 페르소나를 두려워하지 않게 해줍니다. 원형은 집단의 판단과 기준과는 다른 것을 제시하기에 집단의식을 중요히 여기는 사람은 망설입니다.

집단의식에 자신을 끼워 맞추어 집단의 인정을 받는 것을 삶의 목표로 삼는다면 그는 자신의 삶이 아닌 집단의 삶을 사는 겁니다. 겉으로는 성공적이고 만족스러운 인생으로 보이지만 왠지 모르게 속은 공허합니다. 그들은 공허를 호소하나 집단의 요구로부터 벗어날 용기는 없습니다. 그들의 삶은 전진하면서도 마음은 우울합니다. 집단이 요구하는 단단한 페르소나를 가진 직업일수록 속은 허합니다. 중년 이후에는 집단의식에 대한 의존도를 덜어내야 합니다.

## 자기로서의 삶을 사는 용기

당신의 자아는 지금 페르소나가 아닌 내면을 여행하고 있습니다. 당신은 내면의 소리를 듣는 용기를 가졌습니다. 이는 생각만 해도 심장을 뛰게 합니다. 간호조무사라는 페르소나를 하나 더 가짐으로써 오는 사회적 성취가 아닙니다. 새로운 페르소나를 가지면 새로운 사람을 만납니다. 새로운 경험을 합니다. 경험은 그 자체로 가장 값지고 아름답습니다. 어떻게 내면의 또 다른 나와 대응할지를 생각하면 설레는 일입니다. 설렘은 집단의식을 벗어났을 때에 오는 세속적 손실과 소외감을 보상하고도 충분히 남습니다.

당신은 종교인이 흔히 쓰는 '영적'이란 말을 쓰지 않았고, 그런 말 사용을 매우 꺼렸습니다. 당신은 외적 관계의 통로인 페르소나가 아닌 내면의 소리를 듣는다는 점에서 이미 충분히 영적입니다. 두려움은 자아가 외부에 집중하면서 생깁니다. 외적인 것은 항상 변합니다. 사람을 자극하고 불안하게 합니다. 내적 인격과 만난 사람은 두렵다고 일을 포기하지 않습니다. 그에게 두려움은 왔다가 사라질 하나의 감정에 불과합니다.

당신은 평소 선친께서 약주 한잔하시며 즐겨 하던 말을 떠올렸습니다. "평양감사도 자기가 하기 싫으면 안 하는 거야." 아버지도 평양감사로 대변되는 명망 있는 페르소나보다는 자기로서의 삶을 소중히 여기고 그렇게 사셨습니다. 당신의 아버지는 사회적으로 더

출세할 수 있는 기회도 있었으나, 그러다가는 내가 나를 잃어버린다고 당신 철학에 투철한 삶을 사셨습니다. 아버지에게 경제적 소득과 사회적 지위는 언제나 차선이었습니다. 그것은 당신이 아버지에게서 물려받은 위대한 유산입니다. 이 세상에서 가장 위대한 자산은 자기로서의 삶을 사는 용기입니다.

## 존재는 무수한 경험의 합산이다

당신은 대학 진학을 앞두고 취업이 잘되는 실용 학과에 진학하려 했습니다. 그러나 그렇게 사는 것은 왠지 모르게 하기 싫은 평양감사를 하는 일 같아서 포기했습니다. 평양감사도 진정한 자기실현이 될 수 있지만 내 몸에 맞지 않으면 버려야 합니다. 당신도 아버지처럼 버릴 것은 버리고 취할 것은 취하는 용기를 가졌습니다. 국문학을 전공해서 잘 돼야 학교 선생이니 너처럼 우수한 학생은 법대가서 판검사가 되라는 담임 선생님의 매우 현실적인 조언을 당신은 뿌리쳤습니다.

당신이 국문학을 공부하면서 얻은 소득은 학과 공부와는 상관없는 다양한 독서였습니다. 당신은 좁은 사고의 울타리에서 나오는 경험을 했습니다. 삶에 대한 의지는 소위 잘나가는 사람의 모방에 있지 않다는 것을 일찍 깨달았습니다. 당신은 이 일이 나를 어떻게 행복하게 할지를 먼저 생각했습니다. 내가 나로서 사는 일에 있어서는, 이 세상의 어떤 것도 나의 길을 막을 수 없다는 신념을 가졌습니다. 그것 때문에 종종 어려운 일도 겪지만 삶은 꿋꿋이 자신의 길을 걷는 사람을 돕습니다.

더 많은 돈이 필요한 경제적 여건, 평범한 논술 교사로서의 한계, 그것은 불행이 아니라 당신 삶을 새롭게 만드는 추동력입니다. 사람이 사는 다양한 환경에서 무엇을 하는지는 중요하지 않습니다. 당신의 자원을 어떻게 사용하여 어떤 존재가 될 수 있는지가 중요합니다. 당신이 간호조무사가 되어 환자를 만나는 일 자체가 중요한 것은 아닙니다. 그 일을 통하여 당신이 어떤 존재가 되는지가 중요합니다. 삶의 마지막에 남는 것은 '행함$^{doing}$'이 아니라 '존재$^{being}$'입니다. 존재는 무수한 경험의 합산입니다. 결코 하루아침에 이루어지지 않습니다. 당신의 원형은 당신을 간호조무사로 만들려는 것이 아닙니다. 간호조무사라는 외적 통로로 당신의 존재를 새롭게 재발견하게 하려는 겁니다.

지금까지는 강의실에서 말로 지식을 전달하고 정신적인 도움을 주는 일을 했다면, 이제부터는 병원에서 환자를 만나 손과 발을 쓰며 신체적으로 힘이 되어주는 일을 합니다. 정반대의 일을 하는 것입니다. 그럼으로써 정반대의 자기를 발견하는 기쁨을 얻습니다. 일을 하다 보면 좌절도 겪겠지만 좌절만큼 사람을 강하게 하는 것도 없습니다. 육지에서 바다 건너에는 무엇이 있을까 동경만 하는 삶보다는, 위험을 무릅쓰고 뗏목이라도 만들어 바다 위에 띄우는 것이 진정한 자신을 찾는 길입니다.

**내 삶에 적용하는 Q&A**

**Q.** 사회적 체면을 위해 새로운 길을 선택하지 않아야 할 필요도 있을까요?

**A.** 새로운 페르소나를 가지면 새로운 사람을 만나고 새로운 경험을 합니다. 그 경험은 타인의 시선이나 기대와 비교할 수 없는 값진 경험입니다. 자기로서 사는 용기를 가져보세요.

# 자식의
# 삶은
# 내 삶이 아니다

# 이제는 자식에게
# 이해받고 싶습니다

자식에게 이해받지 못한다는 느낌 때문에 괴롭습니다. 저도 나이가 육십인데 이제는 자식에게 이해받고 싶습니다. 자식은 자기 욕구에만 충실하지 곧 환갑을 바라보는 엄마의 여린 마음에는 별로 관심이 없습니다. 저는 밖에서는 강한 척하면서 살지만, 집에 들어오면 약해지고 우울해지는 나이입니다. 아들도 적령기가 됐으니 어서 결혼하여 손주라도 안아봤으면 좋겠습니다. 그런데 저의 그런 생각을 아들은 알아주지 않습니다. 아직은 건강한데 질병과 죽음을 걱정하고 있습니다. 제가 약해진 건가요?

## 나이 육십은 '성숙한 어린이'의 시작점

　나이 육십은 생물학적 변화 그 이상의 의미가 있습니다. 육십갑자六十甲子가 한 바퀴 돌았습니다. 그 물리적 변화는 정신에도 영향을 미칩니다. 한 바퀴 돌고 새로 시작하는 지점에 섰기 때문입니다. 새로 시작하는 것은 어린이가 되는 겁니다. 당신은 '어른 어린이'로부터 다시 시작할 때가 됐습니다. 새롭게 맞이하는 어린이는 매우 특별한 의미가 있습니다. 60년 전 엄마에게 의존하던 생물학적 어린이가 아닌, 보다 더 큰 엄마인 자연의 원리(또는 자신이 믿는 신)에 의지하는 어린이가 됩니다. 그러기 위해서 집착 대상이었던 자식을 떠나보내야 합니다. 부모가 자식에 집착하는 한 새로운 삶의 원리는 눈에 들어오지 않습니다. 엄마에게 무관심한 자식은 엄마의 새로운 탄생을 돕는 겁니다.

　사람은 나이 들어 자연의 원리 곧 더 큰 엄마를 발견하지 못하면, 생물학적 어린이의 마음으로 퇴행합니다. 삶의 원리를 발견하지 못한 채 의존할 인물을 찾으나 섭섭한 일만 생깁니다. 말이 많아지고 식탐도 생깁니다. 만일 그가 많은 돈을 가졌다면 돈으로 자식을 통제하여 어린이의 보상 심리로 돌아가고자 합니다. 과거에 높은 지위를 가졌다면 아직도 그 지위에 있는 줄 알고 '나 때는 말이야'의 환상에 빠집니다. 손주에 집착하면 자신의 대를 이어갈 사람으로 손주를 생각하고 인류의 생존본능인 번식과 이기주의에서 벗어나

지 못합니다. 반면 자기로서 새롭게 출발하는 어린이가 되면, 그는
어린이의 호기심으로 삶의 새로운 지평을 넓혀갑니다. 분석심리학
에서 어린이는 창조적 가능성을 가진 성숙한 자기를 상징합니다.
나이 육십은 성숙한 어린이의 시작입니다.

　마음의 성장에는 항상 과도기가 있습니다. 이전의 마음에서 새로
운 마음으로 전향하는 지점에 왜 갈등이 없겠습니까. 안전을 위해
이전으로 회귀하려는 욕망도 있습니다. 하지만 당신의 자식은 이전
의 자식이 아닙니다. 자식이 당신을 보는 태도는 이전과는 다릅니
다. 자식에게 느끼는 소외감과 멸시감의 대안으로 당신은 손주를
원하고 있습니다. 당신은 생물학적 손주에 집착할 것이고, 그 집요
한 가족주의로 다시 회귀할 겁니다. 그러면 삶과 자연의 커다란 원
리인 더 큰 엄마와는 점점 거리가 멀어집니다.

　지금 당신의 우울과 허전은 가족주의의 달콤함이 없어져서 생긴
것입니다. 보다 큰 엄마는 가족주의의 즐거움 그 이상의 영적 즐거
움을 제공합니다. 노후의 꽃은 가족의 영광이 아니라 삶을 꿰뚫는
지혜입니다. 지혜를 얻은 자는 반드시 그 지혜를 함께 나눌 사람이
생깁니다. 장례식장에서 흔히 듣는 말입니다. "그는 평생 가족만 알
고 살아온 참 좋은 ○○○이었습니다." 가족의 굴레를 벗어나지 못
한 그는 50퍼센트만 잘 살았습니다.

## 자식에 대한 집착을 버려야 내 길이 열린다

저의 이십 대 내담자가 말했습니다. 친조부는 명절에 인사차 갈 때마다 언제 안정적 직업을 갖게 되느니, 그래서 결혼은 어떻게 할 수 있느니 등등 충고라며 선을 넘는 잔소리를 합니다. 한마디도 귀에 안 들어오고 속에서 나쁜 감정만 쌓입니다. 옳은 말이지만 지혜롭지 못합니다. 반면 외조부는 손주가 꺼내는 화제에 참여하거나 듣고, 절대 충고하지 않습니다. 그저 수평적인 입장에서 대화하려고 노력합니다. 그리고 자기 일에 충실합니다. 내담자는 있는 그대로 존중받는 느낌이 든다고 합니다. 한마디의 위로를 듣지 않아도 위로받은 기분으로 외조부 댁을 나온다고 합니다. 이것이 노인의 지혜입니다.

사람은 감정의 변화가 없으면 변하지 않습니다. 삶의 변곡점마다 찾아오는 낯설고 격한 감정은 변화의 에너지입니다. 당신의 소외감, 무시당하는 느낌은 당신 자신의 것입니다. 자식에게 물어보십시오. 엄마는 괜한 감정에 빠졌다며 늙었다는 말만 들을 겁니다. 자식이 불효하는 것이 아니라 제 갈 길을 찾아가는 겁니다. 퇴행하는 부모는 자식의 독립을 서운해합니다. 지금 자식에 대한 집착을 버려야 내가 나를 보상하는 길이 열립니다. 전통적 의미의 효자는 부모에 대한 집착을 미화한 것입니다. 그래 가지고 어디 부모의 삶이 있고, 자식의 삶이 있겠습니까. 며느리이자 자식의 아내는 고통받고 있을 뿐인데요.

새로운 시대에는 떳떳이 자기로서 살아야 효자이고, 존경받는 부모가 됩니다. 자식이 당신이 원하는 것을 들어주지 않는 것에 감사하세요. 자식에게 원하지 마세요. 모든 성숙한 관계는 서로 원하지 않으면서도 보상을 바라지 않고 주고받는 관계입니다. 그것은 최고의 '주고받기'입니다. 부모와 자식 관계도 예외는 아닙니다.

가족관계에서 집착은 정말 버리기 힘듭니다. 그러나 집착을 버리면 자식과 공유할 것이 많아집니다. 부모의 성화에 못 이겨 생화학과에 진학한 청년이 있었습니다. 군에서 전역한 청년은 복학을 포기했습니다. 애당초 적성에 맞지 않는 학과이고 나는 박사학위까지 계속 공부할 생각이 없으니, 하고 싶었던 요리사가 되겠다고 선언했습니다. 아들을 의사나 생화학자로 만들려는 부모의 꿈은 좌절됐습니다. 그렇다고 요리사라고? 아들은 그래도 음식을 만드는 일이 자신만의 기술을 갖출 수 있는 평생직업이라고 생각했던 겁니다. 인생 경험이 많은 부모는 아들의 생각이 너무 단순해 보였습니다. 하지만 그 모든 선택과 결과는 아들의 인생이라는 것을 인정하면서부터 아들과 대화가 가능했다고 합니다. 아들에게 부모의 체면을 올려주길 기대하는 보상심리를 버리니 아들이 오롯한 개인으로 보였다고 합니다. '타인이 하고 싶은 것을 하겠다는데 내가 무슨 권리로 그것을 막는가?' 그런 생각에 이르고 나서야 아들과 공유할 것이 많아졌다고 했습니다.

## 우울을 통해 내면의 진주를 찾을 것

밖에서는 강한 척하지만 집에 오면 우울해지는 것은 나이 들어 나타나는 보편적인 현상입니다. 그런데 왜 밖에서 강한 척하나요? 혼자 있어 우울한 모습을 보이기 부끄럽다고요? 나이 육십이 넘으면 심장이 뛰는 기쁜 일에서 멀어집니다. 아무리 외부에 좋은 일이 있더라도 적당하게 기쁨을 느낍니다. 또 그래야 합니다. 심장은 차분히 뛰어야 마음이 안정되고 건강에도 좋습니다. 누구도 침범할 수 없는 무한한 내면의 힘은 천천히 뛰는 심장에서 나옵니다. 중년 이후에는 세상을 관조하는 기쁨을 축적해야 죽음도 두렵지 않습니다. 우리는 없어질 것들에 너무 많은 애정을 가지고 있습니다. 외적인 것에 기대가 크면 클수록 그만큼 우울해집니다.

집에 오면 우울해지는 것은 물리적 집 말고, 성숙한 어린이를 받아주는 더 큰 마음의 집을 찾을 때가 됐다는 신호입니다. 아, 그러나 많은 사람은 그러한 신호를 알아차리기에 실패합니다. 물리적 어린이가 되어 의존할 것을 찾습니다. 보상 거리를 찾습니다. 잠깐 공부하려고 온 세상을 전부로 압니다. 그러니 질병과 죽음과 소외를 두려워합니다. 각자의 더 큰 집을 발견하여 거기에서 성숙한 어린이로 새로 시작하기가 그렇게 힘든가요?

당신은 집에 오면 들이닥치는 우울을 외면하려 많은 노력을 해왔습니다. 맛있는 음식을 탐했습니다. 그래봤자 성인병에 걸릴 확률만 높아집니다. 여행도 종종 다녔지만 어느 순간부터는 여행도 다 귀찮아졌습니다. 내적 여행이 함께 이루어지지 않는 외적 여행은 신체의 이동에 불과합니다. 우울은 정신 에너지를 내면으로 향하게 하여 내면의 진주를 찾게 합니다. 믿음을 가지고 우울을 따라가면 우울은 영혼의 안내자가 됩니다. 우울을 불신하니 우울도 당신을 불신해 우울한 감정이 당신의 자아에 포진하는 겁니다. 왜 이 좋은 신호를 모조 장신구로 바꾸려는지요.

자식이 당신에 대한 태도를 바꾸었는데, 자식에 대한 당신의 태도가 한결같을 이유는 없지 않습니까? 자식을 떠나야 할 때가 왔습니다. 가족 관계에서 존재 이유를 찾아야 하는 때는 지났습니다. 아들이 결혼하면, 그나마 당신에게 있던 애정도 처자식에게 갑니다. 어떤 노부부는 자식과 손주가 명절 때 찾아와 함께 밥 먹는 것을 최고의 행복이라 합니다. 그분들에게 최고의 행복은 설날과 추석 일년 두 번밖에 없습니다. 그 많은 나머지 시간은 다 차선인지요.

이십 대에 직장 적응과 인간관계에 문제가 생겨 집안에 들어앉은 청년이 있었습니다. 청년의 홀어머니는 아들을 고생시킬 수 없었습니다. "걱정 마. 나는 너의 엄마야. 엄마가 너를 지켜줄게." 아들은 직업이 없었고, 엄마 외에는 이성을 몰라 결혼도 못했습니다. 엄마는 내심 아들이 엄마의 울타리 안에 안전하게 있는 것을 즐겼습니다. 아들도 엄마의 이런 집착을 알아서 직업을 가지려는 노력을 아예 포기했습니다. 아들은 나이 마흔이 넘자 우울증이 왔습니다. 그런데 엄마는 아들의 치료를 위한 어떤 일도 안 했습니다. 아들도 그 냥 엄마 곁에서 우울해하는 것을 즐기는 것 같았습니다. 혼자된 엄마의 무의식에는, 아들의 우울증이 치료돼 엄마를 떠나는 것에 대한 두려움이 있었습니다. 아들의 무의식에는, 우울 증상으로 엄마를 떠나지 않고 엄마와 연합하려는 유아적 욕망이 있었습니다.

이 예는 극단적이지만, 모자의 상호 집착이 모자 모두를 망친다는 것을 보여줍니다. 그러니 까칠하게 구는 자식에게 감사하세요. 자식은 엄마 없이도 세상을 혼자 살 준비를 하는 중입니다. 섭섭하고 허전한 당신은 자식이 아닌 당신의 더 큰 엄마인 대자연(신)의 원리를 배우면 됩니다.

## 내 삶에 적용하는 Q&A

Q. 나이가 들수록 마음은 약해지는데, 자식들은 이런 저를 이해하지 못합니다.

A. 삶의 변곡점마다 찾아오는 낯선 감정은 변화의 에너지입니다. 그 감정을 원동력으로 자식에 대한 집착을 버리고 나 자신에게 집중해보세요. 내면의 성장을 이룰 수 있을 것입니다.

## 우울증은 생애 주기마다 거치는 통과 의례

사람은 누구나 우울한 시기를 맞는다. 우울은 성장하기 위해 평생 거치는 통과 의례이다. 하나의 우울 통과 의례를 마칠 때마다 집요한 이기주의는 이타주의로 조금씩 바뀐다. 마음의 감기라는 우울증의 뿌리는 어디서부터인가? 출생 3개월 후에 아이는 처음으로 슬퍼서 우는 반응을 보인다. 그 이전의 자지러지는 울음은 불안이 원인이다. 슬픔의 감정을 느끼면서 우울증이 시작된 것이다. 아이는 엄마와의 기본적 의사소통인 도리도리, 짝짜꿍, 곤지곤지 등으로 우울한 감정을 달래고 견뎌낸다.

3개월 이전의 아이는 전적으로 타자에 의존했다. 생존이 불안하여 무의식적 환상 안에서 엄마의 젖가슴을 마음껏 파헤치며(공격하며) 욕구를 채웠다. 그 이후 아주 조금 나 말고 대상(엄마, 또는 주 양육자)이 따로 있다는 것을 의식한다. 아동은 자신의 공격성에서 살아남은 엄마에게 죄책감을 느낀다. 이를 '우울 불안'이라 한다.

아동은 자신의 공격성에서 살아남은 엄마를 보상해주기 위해 엄마를 즐겁게 하는 행동을 한다. 자기가 먹던 간식, 장난감, 모조 젖꼭지를 주는 행위가 여기에 속한다. 이것은 유아가 자신을 잘 양육한 엄마에게 보상하는 행위이다. 엄마 또는 양육자가 부재한 상태에서 유아는 우울 반응을 보인다. 클라인은 '견딜 수 있는 우울'을 건강한 상태라고 했다. '견딜 수 있는 신경증'을 건강으로 본 프로이트와는 어감이 좀 다르다.

인간은 적당한 우울과 신경증 상태에서 사는 존재이다. 삶이 힘들면 더 깊이 우울과 신경증으로 들어갔다가 시간이 지나면 그만큼 성숙해서 나온다. 인생은 이러한 경험의 연속이요, 반복이다. 제 우울증과 신경증을 방어만 하고 사는 사람에게는 사람 냄새가 안 난다. 그는 강해 보이지만 속은 억압된 우울과 신경증으로 울고 있다.

코로나19 바이러스는 인류를 깊은 우울 속으로 안내했다가, 들어간 만큼 성장시키고 나서야 임무를 마치고 떠날 것이다. 성장의 외적 표징은 이기주의에서 벗어나 타인을 이해하고 배려하고 더 나아가서는 선을 위하여 자기를 희생하는 것이다.

이제 우리는 우울증에 걸린 성인의 내면에 무엇이 있는지 알 수 있다. 내가 타자에게 고통을 주었다는 죄책감과 불안, 그런 타인에게 보상할 수 없다는 낮은 자존감과 절망이 있다. 타자에게 향할 분노가 자신에게 향해 우울증이 생긴다는 프로이트와는 다소 다르지만 어감의 차이일 뿐이다.

우울은 인간에게 영혼의 친구이다. 그러나 우울증은 관리가 필요하다. 우울증을 앓는 이가 자신의 죄책감에서 벗어날 수 있도록 편안한 관계를 맺어주는 것, 그리고 가끔 그의 분노가 마음껏 표현될 수 있도록 장을 만들어주는 것은 우울증 치료에 큰 도움이 된다. 누군가 자기의 동굴에서 나와 타자와 관계를 맺고 배려하기 시작했다면, 우울증에서 빠져나오고 있다는 신호다.

# 우리 모녀는
# 찰떡궁합입니다

한 모임에서 무엇을 할 때 가장 즐거운지 이야기를 나누었습니다. 참석자들은 아이들이 대학에 다니거나 졸업한 엄마들이었습니다. 엄마로서 가장 힘든 대학입시의 시기를 지난 나이라서 그런지 대체로 자녀와는 무관한 자기만의 고유한 영역이 있었습니다. 그런데 저는 아이들과 함께 있고, 함께 밥을 먹고, 함께 쇼핑하는 것이 가장 즐겁다고 자신 있게 말했습니다. 가정적인 주부인 것을 자랑하듯이 말입니다. 그런데 분위기가 냉랭해졌습니다. 다른 엄마들은 저를 이상한 눈빛으로 봤습니다. 저는 아이들이 결혼해서 집을 나가면 어쩌나 하는 불길한 생각도 든다는 말을 했습니다. 엄마의 마음은 다들 그런 줄 알았습니다. 그런데 아니었습니다. 저는 잘하고 있는 걸까요?

모자 관계는 작은 것에서부터 큰 것에 이르기까지 분리와 독립의 연속입니다. 첫 번째 분리는 만 세 살 후입니다. "엄마 싫어." 아이의 이 외침은 엄마가 정말 싫은 것이 아니라, 엄마로서는 마땅한 엄마의 간섭으로부터 벗어나려는 최초의 시도입니다. 두 번째는 사춘기입니다. "나는 엄마를 증오해." 정말 엄마를 증오하는 것이 아닙니다. 다 너를 위한 것이라는 엄마의 메시지에서 벗어나, 자기만의 메시지를 얻으려는 거친 몸부림입니다.

이후 아이는 사회적 관계를 넓혀가면서 엄마의 흔적을 무의식 어딘가에 묻어둡니다. 그 흔적은 삶이 지치고 고단할 때마다 치유하는 힘입니다. 가장 좋은 양육은 아이들에게 좋은 경험, 즉 좋은 흔적을 남기는 겁니다. 아이들은 세상에 살면서 나쁜 경험도 하지만, 좋은 경험은 나쁜 경험을 이깁니다.

자식을 물가에 내놓았다고 걱정하는 것은 자식을 끔찍이 사랑하는 모성이 아니라, 자식과 분리를 못한 엄마의 불안입니다. 그녀의 자식은 수영을 배울 수가 없습니다. 아이는 불안해하는 엄마를 놔둘 수 없으니까요. 환갑이 다 된 아들이 전화해도 여전히 밥은 먹었냐고 걱정하는 것은 변함없는 모성이 아닌 엄마의 불안입니다. 팔순이 넘어도 자식 밥을 걱정해야 하는 것은 엄마의 불안입니다. 그런 엄마는 더 넓은 세계로 관심 가지는 일을 엄마의 직무 유기로 생각합니다. 진짜 직무 유기는 자기를 돌보지 않는 것인데 말입니다.

당신은 두 딸과의 각별한 사이를 자랑하고 싶었습니다. 다른 엄마들 이야기 들어봐도 우리 모녀 같은 경우가 없다고 흐뭇해했습니다. 엄마와 딸은 서로 그림자를 주고받는 애증의 관계인데 당신은 '애'만 간직하고 있었습니다. '증'은 본래 없는 것이 아니라 두려워 피했습니다. 두 딸이 대학 졸업반인데도 세상에서 가장 즐거운 일이 딸과 함께 있는 것이라고요. 딸도 그럴까요?

당신은 딸과의 분리 불안을 유아기 모자 융합의 환상으로 달래고 있습니다. 당신의 딸들은 엄마에게 맞추고 있습니다. 이것은 엄마와 엄마 품에 안긴 유아가 서로 모자 환상에 도취한 현상입니다. 모자 융합은 각자가 더 넓은 세계로 나가는 것을 막습니다. 경제적으로 여유 있는 엄마나 전업주부에게서 발견되는 경우가 많습니다. 이들은 더 넓은 세계로 나가지 못하는 불안을 종교로 달래기도 합니다.

저는 딸들에게 물어보길 권했습니다. "너희들도 엄마하고 함께 있을 때에 가장 즐겁니?" 당신은 망설였습니다. 불안한 기색이 얼굴에 맴돌았습니다. "아이들이 아니라고 하면 어쩌죠." 딸들이 진심을 말하지 않는다는 것을 당신은 알고 있습니다. 진심은 판도라 상자와 같아서 처음에는 좋은 향이 나지만, 나중에는 나쁜 향이 납니다. 나쁜 향이 두려워 상자를 여는 것을 두려워하면 언제 폭발할지 모르는 금기의 상자가 되고 말 것입니다.

저는 두 딸도 대학 졸업반이니 따로 시간을 내어 집이 아닌 낯선 장소에서 서로의 진심을 이야기해보라고 했습니다. 당신은 모녀 관계에는 거짓과 가면도 있다는 것을 알게 될 것이고, 매우 실망할 겁니다. 그러나 실망 없이는 희망도 없습니다. 자녀에 대한 실망은 성장하려는 당신에게는 희망입니다. 원형은 환경을 변화시켜서라도 사람이 성장하게 합니다.

예를 들어볼까요. 당신의 자녀가 잘하던 공부를 안 하고 노는 친구들과 어울릴 수 있습니다. 그것은 당신이 자녀에 대한 애착의 끈을 놓아야 할 때임을 알리는 신호입니다. 과학영재인 아들이 어느 날 갑자기 미래가 불투명한 문예창작학과로 진로를 틀었습니다. 어머니에게는 충격이지만 아들에게는 신선한 희망입니다. 공부 잘하는 딸이 자신처럼 교사가 되어 좋은 배우자를 만나고 안정적 삶을 누리기 원했던 엄마가 있었습니다. 그런데 딸이 고등학생이 되자 모델이 되겠다고 선언해 가족은 심각한 위기에 봉착했습니다. 엄마는 딸의 소망을 꺾을 수 없었습니다. 엄마가 딸의 진로를 대신할 수는 없으니까요. 잘하던 공부를 뒷전으로 하고 노는 딸이든, 느닷없이 진로를 바꾸는 아들이든, 예상 못한 꿈을 선언하는 딸이든, 엄마가 통제할 수는 없습니다. 자식의 인생입니다.

　당신은 저의 제안을 받아들였습니다. 그다음 주에 매우 침통한 표정으로 제 앞에 앉았습니다. 두 딸의 말을 그대로 저에게 전했습니다. "우리는 여전히 엄마를 사랑하지만, 엄마는 엄마의 삶을 살았으면 좋겠어." 엄마의 삶을 살았으면 좋겠다는 말에 당신은 거리로 내동댕이쳐진 기분이 들었습니다. 자식 바보라는 소리를 들으며 헌신했는데 뒤통수를 한 대 맞은 기분이었습니다.

　명심하세요. 부모의 뒤통수를 치지 못하는 자녀는 자기 인생길에서 창의적이지도 모험적이지도 못합니다. 그의 삶은 부모의 삶을 복사하고 붙여쓰기를 반복합니다. 말 잘 듣고 효도하는 자녀처럼 보이지만 어딘지 모르게 꽉 막힌 삶을 살아갑니다. 당신이 그랬습니다. 당신은 아직도 당신의 어머니와 감정적으로 얽혀 있습니다. 자기가 되지 못한 허전함을 딸과 연합함으로써 보상받으려 하는 겁니다.

　두 딸이 조심스럽게 말했습니다. "엄마, 그동안 말을 못했어. 우리 남자 친구 있고, 관계는 많이 진전됐어." 관계가 많이 진전되어 있다는 말에 당신의 심장은 '쿵' 하고 내려앉았습니다. 장성한 딸이 제 짝을 찾아나가는 것은 자연스러운 일인데, 딸을 빼앗겼다는 상실감이 당신을 덮쳤습니다.

　당신은 말했습니다. "그래, 관계가 어디까지 갔다는 거야?" 성인인 딸이 답변을 하겠습니까. 딸 걱정이 아니라 당신의 분리 불안입니다. 불안 때문에 딸을 슬하에 두려고 했습니다. 지금은 그 불안을 직면해야 합니다. 불안을 직면해서 마음껏 느껴보는 겁니다. 불안의 실체가 무엇인지 발견할 때까지 불안의 감정에 빠져보는 겁니다. 불안의 바닥에서 들려오는 소리가 있을 겁니다. "무엇이 당신을 불안하게 하는가?" 당신은 대답을 못할 겁니다. 불안은 마음이 만든 허상임을 알게 됩니다. 사람이 일생을 살면서 맞닥뜨리는 수없이 많고 다양한 감정들은 다 받아들일 만하니까 오는 겁니다.

당신은 실망할 필요가 없습니다. 두 딸은 준비를 완료했고, 엄마를 배려하고 있기까지 합니다. 두 딸은 엄마 품을 떠나 자기 길로 나아가야 합니다. 엄마도 두 딸을 품에서 내려놓고 그동안 모성으로 헌신하느라 돌보지 못한 자신을 돌봐야 합니다. 당신은 딸을 너무 사랑하기에 힘들다고 했습니다. 사랑이 아니라 모성의 과도한 집착이고 자기만족입니다. 과도한 모성은 자녀를 꼼짝하지 못하게 하는 마녀입니다. 마녀는 아동의 꿈에 나타납니다. "아가야, 세상은 위험한 곳이야. 너는 내 곁에 있어야 해." 동화 속의 마녀는 자녀를 통제하고 지배하려는 과도한 모성의 상징입니다. 그러나 이런 과도한 모성으로 자라났다 해도, 핏덩이 자녀는 이제 성장하고 독립할 채비를 합니다. 모든 과도한 것들은 그것이 한때는 유익했을지라도 때가 되면 버려야 합니다.

당신이 알아야 할 것은 하나 더 있습니다. 딸들은 알았습니다. 아버지의 거대한 힘에 비해 엄마의 힘은 너무나 미약하다는 것을. 엄마는 아버지의 사회적 위상에 종속된 삶을 살고 있다는 것을. 엄마는 거기서 나올 용기가 없다는 것을. 엄마의 밝은 미소 뒤에 감춰진 억압된 그늘을 딸은 알았습니다. 그래서 엄마에게 말했습니다. "엄마가 불쌍해서!" 엄마를 사랑해서가 아니라 불쌍해서라니! 그날, 늦은 저녁에 딸과의 데이트를 마치고 집으로 돌아온 당신은 우울했습니다. 빈껍데기 같은 인생을 살아온 것 같았습니다.

사회적으로 잘나가는 남편을 만나 자신의 존재감은 펼칠 수 없었습니다. 그냥 그 안에 종속되는 것이 편했고 남편도 아내가 그러기를 바랐습니다. 아무리 공부를 잘했고, 명문대학을 나왔고, 외모가 아름다우면 뭐 합니까. 결혼 잘하려고요? 결혼 잘하는 것이 여자 삶의 목적인가요. 그럼 당신의 인생은 무엇이지요? 당신은 자기가 되지 못한 박탈감을 딸을 소유하는 욕망으로 달래고 싶었습니다.

모성의 위대한 착각은 영원한 희생과 헌신입니다. 자식은 평생 애물단지라는 말은 자식과 분리하지 못한 부모의 넋두리입니다. 자식은 인생의 동반자가 아닙니다. 품에 안았다가 그의 동반자를 찾아가라고 세상에 내어주어야 할 독립적 인격체입니다.

모녀가 서로 분리하고, 새로운 존재로 다시 만났을 때의 기쁨은 지금과 비교할 수 없습니다. 그때는 서로에게 인생의 동반자가 될 수도 있습니다. 그러나 쉽지 않습니다. 모녀 관계는 다양한 감정으로 얽혀 있습니다. 우선 물리적, 그리고 정서적으로 딸들과 거리를 두는 연습을 하세요. 당분간 섭섭하고 슬프고, 또는 두려울 수도 있습니다. 그렇다면 잘하고 계신 겁니다. 견디기 쉽지만은 않은 과정이겠지만, 그 시간이 지나면 당신은 오롯한 당신이 되어 딸들과 또 다른 행복을 누릴 수 있을 것입니다.

**내 삶에 적용하는 Q&A**

Q. 저는 딸들과 함께하는 시간이 가장 즐겁습니다. 이게 잘못된 걸까요?

A. 과도한 모성은 집착이자 자기만족입니다. 자녀의 성장과 독립을 방해할 뿐입니다. 딸들과 각자의 존재로서 다시 만날 수 있도록 분리하는 시간을 가지세요.

# 엄마도 싫으면
# 싫다고 좀 하세요

엄마가 자꾸 집에 언제 오냐고 전화합니다. 제가 자식 둘을 어렸을 때부터 싸 안고 한 달에 두 번 이상은 친정에 갔거든요. 너는 외동딸이니 도리를 다해야 한다는 말을 귀에 딱지가 앉도록 들었습니다. 엄마가 돈을 들여서 저를 해외 어학연수도 보내고 전문 직업인으로 키웠으니, 저는 부모에 대한 도리를 다해야 한다는 말로 들렸습니다.

두 명의 딸이 중학생이 되면서 외할머니 댁에 가기를 거부했습니다. 두 딸이 한 말입니다. "엄마도 외할머니에게 싫으면 싫다고 좀 하세요." 제가 엄마에게 하고 싶은 말을 딸이 대신 제게 해줬습니다. 드문드문 심리학을 공부하면서 엄마가 자기애성 성격인 것을 알았습니다. 의문이 풀렸습니다. 엄마의 외동 사랑은 엄마 자신을 위한 사랑이었습니다. 엄마는 제가 원하는 것보다 자신이 원하는 것을 제게 해주었습니다. 엄마가 규정한 외동딸의 도리는 제 감정은 고려하지 않은 엄마만을 위한 것이었습니다. 지금부터는 어떻게 해야 하나요?

## 마음껏 미워해도 된다

엄마가 자기애성 성격이라면 당신은 많이 외로웠을 것입니다. 그런 엄마는 자기 상처로 인해, 무의식적으로 자기를 위한 자녀 사랑을 합니다. 엄마와 함께 있어도 엄마는 자기애를 구했으니, 함께 있는 것이 아닙니다. 오히려 함께 있어드리는 겁니다. 엄마는 자기가 원하는 것을 딸의 감정은 헤아리지 않고 딸에게 주입했을 겁니다. 어린 당신은 엄마가 원하는 것을 거부할 수 없었고, 나이 들수록 엄마가 주입한 것을 받아들이기도 힘들었습니다. 당신은 엄마에게 뭔가 잘못하고 있다는 죄책감, 엄마에게 혼날 것 같은 두려움 속에서 어린 시절을 보냈습니다. 이 땅의 모든 어린이는 그런 운명으로 살아가는 줄로 알았습니다. 자기애성 엄마의 자녀는 대체로 그런 죄책감을 가집니다. "엄마 말을 더 잘 들어야 하는데…."

당신이 어릴 때 있었던 일입니다. 엄마와 함께 길을 가다가 넘어졌습니다. 엄마는 딸이 얼마나 다쳤는지는 걱정하지도 않고 네가 조심성이 없으니까 그렇다며 야단부터 쳤습니다. 초등학교에 입학

해서는 받아쓰기 한 문제만 틀려도 엄마는 꾸중부터 했습니다. 밥상 앞에서도 반찬을 골고루 먹지 않으니 감기에 잘 걸린다며 반강제적으로 싫어하는 반찬을 입에 넣어주었습니다. 이때는 정말 치욕스러웠으나 반항할 수가 없었다고 했습니다. 엄마의 말씀은 곧 신의 계명이었으니까요. 당신의 엄마는 그렇게 해야 하는 줄 아셨을 겁니다.

당신은 소심하게 어린 시절을 보냈고, 그래서인지 어린 시절의 추억이 없다고 했습니다. 다 딸을 사랑해서 한 말이라는 엄마의 근엄하고 화난 얼굴만 자꾸 떠올랐습니다. 엄마는 온갖 미사여구를 사용한 화법과 화려하게 치장한 외모로 외부생활을 즐겼습니다. 밖에서 만나는 엄마는 내 엄마 같지 않았습니다. 초등학교 시절 엄마가 학교를 처음 방문했을 때 내 엄마인 줄 몰랐습니다. 집에서와는 전혀 다른 상냥하고 친절한 목소리로 내 이름을 부르고 챙기는데, 그냥 소름이 돋았다고 했습니다.

자기애성이 맞습니다. 당신의 어머니는 어린 시절에 많은 자기애성 상처를 입었습니다. 어린 시절에 입은 자기애 상처를 보상받으려고, 자기 욕구에 충실한 자기애성 인격이 됐습니다. 이것은 어머니의 잘못이 아닙니다. 어린 시절의 환경은 아동의 잘못이 아닙니다. 그렇더라도 이후에 자기성찰의 기회를 충분히 가졌다면, 엄마의 자기애성은 치유될 수 있었을 겁니다. 그런데 기회 또한 인간의 의지로만 만들어지는 것은 아닙니다. 엄마의 요구를 다 들어주지 못한 당신의 잘못은 더욱 아닙니다. 당신이 어린 시절의 환경을 조직할 수 없었듯이 엄마도 그랬습니다. 두 모녀의 인생 출발선이 그렇게 됐습니다. 누구나 엇박자로 인생을 시작합니다. 그리고 그 엇박자를 조화로운 박자로 맞춰가는 것이 인생입니다.

어떤 인생 출발선이든지 그것은 나의 것입니다. 손해도 있고 유익도 있으나 이 두 가지로 조화로운 박자를 만들어갑니다. 모든 사람은 각자의 천복을 가지고 세상에 태어납니다. 천복은 천복을 의식하는 사람에게만 천복입니다. 당신은 자존감 문제로 고통스러울 때마다 '왜 내 엄마가 내 엄마가 됐을까', '엄마가 내 엄마가 아니었다면 나는 더 자신감을 가졌을 것이고, 그에 따른 선택과 결정을 했을 텐데' 하며 자신의 인생을 원망했습니다.

그런 엄마가 미우면 마음껏 미워하세요. 표현할 수 있는 공간을 찾으세요. 미움은 분노로, 분노는 증오로 바닥을 칩니다. 그리고 그 바닥에서부터 이해와 사랑하는 마음이 생깁니다. 사람이라는 종이 성장하는 방식입니다. 당신의 딸은 당신에게 엄마를 미워할 기회를 드렸습니다. 당신이 묵은 죄책감으로 기회를 만들지 못해 딸이 만들어드렸습니다. 실은 당신의 원형이 딸의 마음을 움직여 딸이 그런 말을 하게 했습니다. 원형의 의식화는 거역할 수 없는 깊은 깨달음을 줍니다.

오랫동안 당신은 엄마의 은근한 메시지를 당신의 것과 동일시함으로써 안정을 찾았습니다. 다시 말해 엄마가 당신에게 투사한 감정을 곧 당신 것으로 받아들였습니다. '너는 지금 외동딸로서 엄마에게 최선을 다하지 못하고 있어'를 자신의 죄책감으로 만들었습니다. '너는 더 잘해야 해'를 자신의 불성실로 만들었습니다. '엄마의 재산이 다 어디로 가겠니'는 당신을 수동적인 자세로 만들었습니다. 당신은 주체적으로 사는 것보다 그것이 오히려 편했습니다.

초등학생 때 부모와의 관계를 주종관계에 비유한 글짓기를 해서 담임선생님을 깜짝 놀라게 한 에피소드가 있습니다. 모르는 사람은 말합니다. "왜, 노인네에게 기쁜 마음으로 효도하면 되는 것을." 기쁘게 하는 것은 상호작용입니다. 한쪽은 기쁘게 하고 다른 쪽만 기쁜 것은 기쁨이 아닙니다. 기쁨이라는 이름의 폭력입니다.

'어머니가 조금만 덜 나를 통제하면 좋을 텐데.' 당신은 어머니의 변화를 기다렸습니다. 당신이 먼저 변화하는 것은 감히 상상도 못했습니다. 그것은 죄를 짓는 것이라 믿었습니다. 지금 당신이 해야 할 일은 어머니의 울타리에서 스스로 나오는 겁니다. 어머니가 변하지 않는다고 불평하는 것은 당신이 변하기 싫은 겁니다. 어머니에게 지병이 있어서 마음 아프게 해드릴 수가 없다고요? 어머니의 지병은 당신을 꼼짝 못하게 하는 무기였군요. 어머니는 무기를 쓰고 당신은 방패를 썼다면 그게 무슨 모녀 관계입니까? 결투죠. 지병은 지병으로 관리해드리고 당신은 나와야 합니다.

당신이 먼저 그 익숙한 관계를 서서히 빠져나와야 합니다. 전술이 필요합니다. 당신은 어머니를 미워해야 하고, 어머니는 딸에게 미움받고 있음을 아셔야 합니다. 모녀의 분리에서 미움은 통과 의례입니다. 오란다고 무조건 갈 것이 아니고, 하란다고 무조건 할 것이 아닙니다. 당신의 의견을 당당히 제시하세요. 당신의 변화된 태도에 어머니는 예전에 당신을 복종시킨 방식을 사용하실 겁니다. 거절해보세요. 돌아서서 당신은 죄책감에 휩싸일 것이고, 당장 어머니에게 달려가 용서를 빌고 싶을 겁니다. 어머니는 딸의 변화된 모습에 당황하실 겁니다. 감정과 감정의 대립으로 타협할 수 없는 상태, 이 애매모호한 상태를 해결하려 말고 그대로 놔둬보세요. 모든 애매모호한 상태는 서둘러 해결하려 하지 않는다면 새로운 환경과 질서를 만듭니다. 그런데 사람들은 기다리지 못 하고 건드려 부스럼을 만듭니다.

큰일 나지 않습니다. 당신은 당당한 자기를 경험할 것이고, 어머니는 자신의 강압적 태도로 딸이 힘들었다는 것을 알아차릴 겁니다. 한 달이 걸릴 수 있고 일 년이 걸릴 수도 있습니다. 그 이상이 걸릴 수도 있습니다. 포기하지 마세요. 인간은 변화된 환경에 적응하는 놀라운 잠재력이 있습니다. 엄마는 엄마로서 꽃을 피워야 합니다. 그러려면 딸을 도구로 자기애를 충족시키려는 욕망을 버려야 합니다. 그 일을 당신이 도와드리는 겁니다. 당신도 당신의 꽃을 피워야 합니다. 그러려면 엄마의 욕구를 지상 과제로 삼는 거짓 자기를 버려야 합니다. 딸의 말을 기억하세요. "엄마도 외할머니에게 싫으면 싫다고 좀 하세요."

타인에게 순응하는 사람들, 그들은 착한 사람으로 보입니다. 당신은 착한 딸이란 말을 정말 많이 들었습니다. 착한 딸이란 말을 들을 때마다 당신은 속으로 '나 착하지 않다'고 했습니다. 착한 사람은 자신을 착하게 만든 대상에게 무의식적 분노를 가지고 있습니다. 대상으로 향할 공격성을 억압했기 때문입니다. 인간의 공격성은 자기표현의 수단이고 에너지입니다. 억압이 심해지면 들끓던 분노가 어떤 계기를 맞아 폭발할 수 있습니다.

어머니와의 관계에서 일정한 거리를 두는 법을 배워야 합니다. 당신 안에 있는 어린이는 불안한 나머지 익숙한 방식으로 돌아가려 합니다. 당신 안에 있는 성인의 말을 들어야 합니다. 어린이는 연합하고 성인은 분리합니다. 어떤 대상과도 연합할 때와 분리할 때를 잘 구별하는 것이 지혜입니다.

익숙한 관계 방식이 깨지면 불안합니다. 불안할 때에 더 불안한 것은 과거의 질서를 고집하기 때문입니다. 옛날을 그리워하는 사람은 낭만적 향수에 젖어 앞으로 나가지 못합니다. 그는 서성거리는 자신에게 불안합니다. 그는 흘러가는 강물의 뒤를 봅니다. 옛것을 그리워하고 그 시절로 다시 갈 수 없어 우울해합니다. 새로운 질서에 편입하지 못합니다. 흘러가는 강물의 앞을 보세요. "엄마도 외할머니에게 싫으면 싫다고 좀 하세요." 그래야 앞으로 나아갈 수 있습니다.

## 내 삶에 적용하는 Q&A

**Q.** 오랜 세월 저를 통제하는 엄마에게서 벗어나고 싶지만 죄책감이 듭니다.

**A.** 엄마에 대한 당신의 생각을 표현하는 것은 엄마도 자신의 인생을 살도록 돕는 겁니다. 당신의 의견을 당당히 제시하고 익숙한 방식에서 벗어나야 앞으로 나아갈 수 있습니다.

# 떠나보낸 아들을
# 잊지 못하겠습니다

고등학생인 아들이 사고로 죽었습니다. 아들은 순했고 부모에게 사춘기 반항 한번 안 했습니다. 4년째입니다. 저는 아직도 그때의 슬픔에 잠겨 있고, 우울하고 괴로울 때마다 신경안정제를 복용합니다. 아들 방에 있는 아들의 흔적을 하나도 지우지 않고 그대로 두고, 아들이 평소에 즐겨 먹던 음식을 아들의 영정사진 밑에 차려주곤 합니다. 그렇게 아들에게 못다 한 도리를 다하고 싶습니다. 며칠 전, 아들이 꿈속에 나타났습니다. 아들이 즐겨 신어서 차마 버리지 못한 신발을 곱게 싸서 저에게 주면서 말했습니다. "이것은 엄마 거예요. 엄마가 신으세요." 어떻게 제 마음을 진정시킬 수 있을까요?

## 남은 이의 도리는 자기 삶을 살아내는 것

자녀가 죽으면 부모는 자신의 가슴에 묻습니다. 물리적으로 자녀는 부모를 떠났지만, 부모의 가슴에는 여전히 살아 있습니다. 부모는 무의식적으로 내면의 아들과 소통을 합니다. 당신이 아들의 방에서 하는 의례는 죽은 아들과 대화하려는 것입니다.

엄마의 고통은 당연합니다. 5년, 아니 10년이 지나도 아들 생각은 마음에서 지울 수 없습니다. 이를 '사자死者와의 동일시'라고 합니다. 자식을 10개월 품은 엄마의 정은 남다를 수밖에 없습니다. 세월이 흘러 인생에 대한 새로운 통찰이 생기면, 고통스러운 감정은 따뜻한 감정으로 바뀝니다. 그때까지 엄마는 아픕니다. 이 세상에 죽음보다 강한 메시지는 없습니다. 모든 죽음은 사자가 산 자에게 말하는 강한 메시지입니다. 이 메시지를 찾으면 당신의 고통은 따스함으로 바뀝니다. 우리는 사자를 슬퍼할 것이 아니라 사자를 스승으로 삼아 교훈을 얻어야 합니다. 그러기까지 슬픔은 불가피합니다.

엄마는 자신의 슬픔을 떠난 아들에 대한 도리로 여깁니다. 자, 우리 냉정히 생각해볼까요? 아들 때문에 슬퍼한다고요. 정말 그럴까요? 슬픔의 깊은 곳으로 내려가면 아들이 아닌 엄마 자신의 슬픔이 있습니다. 인정하고 싶지 않겠지만 죽은 자를 위한 슬픔은 산 자 자신의 슬픔입니다. 사후 세계를 믿는 당신은 착한 아들이 좋은 곳에 갔다고 굳게 믿고 있습니다. 거기는 슬픔도 아픔도 없는, 인간의 상상 그 이상의 평화의 나라라고 했습니다. 그곳에 아들이 먼저 갔는데 슬프다고요. 혹시 나를 놓고 먼저 갔다고 원망하는 것은 아니겠지요.

슬퍼해야 한다면, 고통 많은 이 세상에서 아직 더 살아야 하는 엄마를 위해서 아들이 슬퍼해야 합니다. 엄마는 아들을 위해서가 아니라 아들의 빈자리가 외롭고 쓸쓸해서, 자신의 감정 때문에 우는 겁니다. 사람은 죽은 사람을 위해서 슬퍼하는 존재가 아닙니다. 우리의 자아는 한계가 있습니다.

당신은 슬퍼하지 않는 것은 아들에 대한 도리가 아니라고 굳게 믿고 있습니다. 그래서 슬퍼할 마음의 자리를 남겨뒀습니다. 그리고 거의 매일 슬픔의 의례를 치릅니다. 아들이 좋아하는 음식이 아들을 위한 제물로 쓰이고, 신경안정제는 당신의 제물로 쓰입니다. 당신은 이미 떠난 아들을 보내지 못하고 있습니다. 그 자리를 '나 때문에'라는 죄책감으로 채웁니다. 죄책감은 책임 못 질 책임감이 되어 자살 충동까지 불러일으켰습니다. 이 모든 슬픔이 아들과는 무관한 당신 자신의 감정입니다. 이를 알아차려야 합니다. 하지만 모든 사별의 슬픔은 고통의 과정을 건너뛰지 못합니다.

아직 엄마 안에서는 아들이 살아 있는데 어떻게 아들 방을 정리하겠습니까. 노크하고 들어가 죽은 아들의 옷가지를 만지작거립니다. 살아 있는 것처럼 이야기하고, 울기도 하고 웃기도 하는 의례를 치릅니다. 엄마의 이런 슬픈 의례로 애처가인 남편과 순종적인 딸까지 사자를 떠나보내지 못하고 있습니다. 좋은 곳에 있을 아들은 괴로워하는 가족을 보고 편히 쉴 수가 없습니다. 사자가 가장 원하는 것은 남은 자가 감정의 소용돌이에 휘말리지 않고 사자가 살아 있을 때처럼 자기 삶을 충실히 사는 것입니다.

엄마는 잘 압니다. 자식 사별의 슬픔은 합리적으로 해결할 수 없다는 것을요. 3년이 지났습니다. 언제까지 떠난 이를 방 안에 둘 것인지요? 그래봤자 당신의 부질없는 신념만 고수할 뿐입니다. 원형은 가까운 사람의 죽음도 다 계산에 두고 있습니다. 아들의 사고는 커다란 자연 질서의 일부입니다. 우리는 인생의 성장 주기마다 이전의 신념을 버려야 합니다. 가족의 죽음은 가족주의에 사로잡혀 있는 사랑을 보편적 사랑으로 바꾸어줍니다.

저는 딸이 교통사고로 세상을 떠나자 그 보상금을 가난한 이웃과 딸이 다니는 학교에 기부한 분을 알고 있습니다. 그 가족은 종교보다 더 강한 가족주의에서 벗어나는 자유를 얻었습니다. 가족 중 일원이 죽어 그 처절한 슬픔의 고개를 넘으면, 사자가 남기고 간 메시지가 명확해집니다.

죽음의 때는 운명에 달렸습니다. 죽음이 다가온 이는 떠나야 하듯이, 살아 있는 사람은 여전히 살아야 합니다. 살아 있는 자에게 남은 죽은 자의 흔적은 언젠가는 사랑의 자리로 바뀝니다. 그 사랑을 사자가 아닌 아직 살아 있는 사람에게 베풀면 됩니다. 가까운 사람의 죽음은 인간의 한계를 인식하고 삶의 방향을 재설정하게 합니다. 죽음은 신이 내린 위대한 축복이고 꼭 필요한 교육입니다. 이 세상에서 몇백 년을 산다면 그게 복이겠습니까? 저주죠.

## 큰 슬픔일수록 흘러보내야 한다

당신은 슬픔이 아들의 것이 아닌 자신의 것임을 알게 됐습니다. 그러나 당신은 이런 사실을 강하게 부정했습니다. 3년 동안의 숭고한 의례를 거부당한 느낌이었습니다. 내가 나에게 고통을 주다니 합리적으로 이해가 안 갑니다. 사람에게는 고통스러운 일을 고통스럽게 반복하려는 본능이 있습니다. 이를 '죽음본능'이라 합니다. 모든 생명체는 죽음본능으로 인해 출생과 동시에 죽음을 준비합니다. 당신은 아들이 사고를 당한 순간을 생각하면, 아들이 받았을 신체적 고통이 마치 자신의 고통처럼 느껴져 견딜 수 없다고 했습니다. 사람은 본능적으로 죽음을 준비합니다. 임종 환자에 대한 한 연구에 따르면, 대부분의 사람은 죽음을 편안히 맞이한다고 합니다. 떠나는 이를 떠나보내지 못하고 슬퍼하는 것은 편안히 죽어가는 자와는 상관없는 자기 슬픔 때문입니다.

이 세상의 모든 슬픔은 성장통입니다. 슬픔의 사건이 올 때마다 '왜 나에게 이런 일이'라고 하지 마세요. '너, 올 것이 이제야 왔구나. 어서 와'라고 하세요. 삶이 가벼워집니다. 슬픔은 슬프게 느껴지는 것일 뿐 정말 슬픈 일은 아닙니다. 잠깐 왔다 가는 무상과 허상의 세계에 슬픈 일은 없습니다. 단지 관습과 집단의식이 슬프게 할 뿐입니다. 흐르는 강물에서 배워야 합니다. 강물은 뒤를 돌아보지 않고 앞으로 갑니다. 그리고 수없이 많은 시간이 흐른 후에, 뒤엣것과 바다에서 다시 만납니다.

슬픔은 감정의 문제입니다. 감정은 집착하면 고입니다. 놔두면 물처럼 흘러가고, 큰 슬픔일수록 흐르게 놔둬야 합니다. 그런데 많은 사람들이 큰 슬픔일수록 흘려보내지 못하고 마음에 고이게 합니다. 거대한 댐을 만듭니다. 물은 썩고 그 안에 있는 생명체는 죽습니다. 슬픔을 흐르게 하는 방법은 슬퍼하는 겁니다. 눈물이 나오면 울고, 소리 지르고 싶으면 지르고, 생전의 추억을 되새기고 싶으면 되새기고, 누군가에게 하소연하고 싶으면 하면 됩니다. 슬픔의 원인을 '나 때문'으로 하면 슬픔의 댐은 차곡차곡 올라갑니다.

당신과 아들 사이에 있었던 비밀스러운 일들, 그것이 사실이었건 마음에서 생산되었건, 저는 당신이 그 이야기를 편하게 털어놓을 수 있도록 안내해드렸습니다. 매주 상담실에서 울고 웃었습니다. 같은 이야기도 여러 번 반복했습니다. 당신은 견고한 댐의 수문을 열었습니다. 슬픔은 이 우주의 어느 강줄기로 흘러갔고, 그곳은 희망의 샘이 되었습니다.

6개월이 지난 즈음에, 당신은 아들의 유골이 안치된 봉안당에 갔습니다. 뜻밖의 생각이 들었습니다. "축구를 좋아하는 아들이 저 좁은 공간에서 얼마나 답답할까. 광활한 산하에서 마음껏 뛰어다니며 공을 차라고 밖으로 내보내줄까." 축구를 좋아했던 아들이라 차마 버리지 못한 아들의 축구화가 생각났습니다.

꿈속에서 아들이 한 말입니다. "이것은 엄마 거예요. 엄마가 신으세요." 그동안 아들의 신발인 줄 알고 아들을 위해서 놔뒀습니다. 신발의 주인은 엄마였습니다. 아들이 하고 싶은 말입니다. "엄마, 왜 신발 벗고 가던 길을 멈추시나요. 아들이 남기고 간 신발을 신고 엄마의 길을 가세요." 엄마는 더 이상 죽은 아들의 방에서 슬픔을 퍼올릴 이유가 없어졌습니다. 세상은 엄마가 신발을 신고 나오기를 기다립니다. 당신은 아들이 아닌 당신 자신의 경기를 보여주면 됩니다. 이처럼 죽은 자는 꿈으로도 산 자에게 교훈을 줍니다. 엄마는 좁은 공간에서 답답할 아들의 유골을 넓은 장소로 옮겨 수목장하기로 했습니다.

---

### 내 삶에 적용하는 Q&A

Q. 사별의 슬픔에서 헤어 나오려면 어떻게 해야 할까요?

A. 죽은 이를 위한 슬픔은 남은 이의 것일 뿐입니다. 슬픈 만큼 슬퍼하고 자신의 삶을 충실히 살아내면 됩니다.

## 죽은 사람은 우리의 경험에 많은 관심을 가진다

중년 이후 두드러지는 내적 성장에 대한 욕구는 궁극적으로 죽음을 준비하는 것
이다. 중년의 개성화 시기에 나타나는 꿈과 죽음 직전에 꾸는 꿈은 유사한 상징성
을 보여준다. 성장하는 중년은 어딘가를 여행하면서 의미 있는 대상을 만나는 꿈
을 자주 꾼다. 그런 꿈은 인생은 한편의 여행이라는 것과 여행의 목적은 성장임을
알려준다. 죽음 직전에도 멀고 낯선 어딘가로 여행하는 꿈이 종종 나온다. 그곳이
개성화의 정점인 죽음 이후의 세계를 말해주는 경우도 있다.

　우리는 저세상에 갈 때 선물을 준비해간다. 사자死者는 우리의 선물에 관심이
많다. 저세상에 가지고 갈 선물은 '영적 성장의 상태'다. 그 상태로 저세상에 가고
성장은 계속된다. 가령 평생을 부동산 투기와 주식 투자를 목적으로 살아온 사람
은 저세상에서도 주식 투자나 부동산 투기에 열을 올릴 것이다. 그들은 거기서부
터 무엇인가를 배울 것이다. 반면 돈을 선한 행위의 수단으로 삼아온 사람은 저세
상서도 그 연장선상에서 무엇인가를 할 것이다.

융은 사후의 세계에 대한 논문에서, 죽은 아내가 그곳에서도 계속 성배를 연구하는 꿈을 꾼 것을 언급한다. 융은 개인의 신비체험과 일련의 연구 결과, 죽음 이후에도 사람들은 삶의 연장선상에서 개성화를 위한 자신만의 일을 계속한다는 결론에 이르렀다. 다음은 융의 자서전에 나오는 말이다.

"사자는 새로운 사람이 가져온 삶의 체험에 무척이나 관심이 컸다. 마치 지상에서의 행동이나 성장이 결정적인 사건인 것처럼…." 그만큼 삶이 중요하다.

# 따로 사는 가족,
# 자유로워서 좋습니다

저의 아버지는 제가 태어난 해에 병으로 돌아가셨습니다. 엄마는 저를 외조모 댁에 맡기고 도시로 나가 일을 해야만 했습니다. 일이 고되서였을까요, 엄마에게 족쇄를 채운 저에 대한 애정이 없어서였을까요. 한 달에 한 번 정도 집에 들어와서도 저를 옆집 아이 정도로 생각했던 것 같습니다. 저는 외삼촌들 틈에 끼어 살면서 외로웠습니다. 이다음에 단란한 가정을 이루고 사는 것이 저의 소박한 꿈이었습니다.

그러나 운명의 열차는 저의 소망과는 다르게 달렸습니다. 결혼 후 10년이 되자 남편과 별거를 했고, 이후 10년이 지나자 하나뿐인 딸도 독립해 살겠다며 집을 나갔습니다. 외조모 댁에서 혼자에 익숙한 저에게 혼자는 낯설지 않았고 오히려 시간이 많아 편하기까지 합니다. 그러다 남들 사는 것을 보면 이게 무슨 운명의 장난인가, 하는 생각이 듭니다. 제 인생은 왜 이 지경이 됐을까, 비참해집니다. 저는 정말 비참한가요?

## 내가 보기 좋고 편한 삶

이 세상에 우여곡절이 없는 인생은 단 한 사람도 없더군요. 구약성경의 〈창세기〉에는 사람이 홀로 사는 것이 좋지 않아 하나님이 최초의 사람 아담에게 아내를 만들어준 것으로 나옵니다. 하나님이 보기 좋지 않다고 해서 홀로 사는 게 나쁜 것은 아닙니다. 내가 편하고 남에게 피해를 안 주면 좋은 겁니다.

인생은 남에게 맞추어 사는 것이 아니라, 내가 나에게 맞추어 사는 겁니다. 1인 가구 세대가 늘어나는 현상은 삶의 형태가 바뀌고 있다는 것을 말해줍니다. 내 삶은 내가 보기 좋아야 합니다.

삶이 힘들수록 나를 편하게 하는 것이 무엇인지 단순하게 생각해보아야 합니다. 혼자 사는 것이 편한 당신은 지금 좋습니다. 남편도 딸도 혼자 사는 것이 좋아서 제 길로 갔습니다. 애증이 교차되는 가족의 굴레에서 해방됐으니 지금부터는 당신의 시간입니다. 남 보기 민망하다고요. 그들은 남은 당신의 인생을 대신 살아주지 않습니다. 뒤에서 무어라고 쑥덕거려도, 실은 당신에게 별 관심이 없습니다.

마음은 속일 수 없습니다. 사람은 자기 마음에 드는 것을 할 때에 가장 편합니다. 힘들어도 편합니다. 당신은 어릴 때도 혼자, 결혼해서도 혼자, 자식이 있어도 혼자였고 그럼에도 편함은 느꼈습니다. 가족이 떠났다고 해서 아주 떠난 것은 아닙니다. 가끔 만나 밥도 먹고 영화도 보고 쇼핑도 하지 않습니까. 사람에게는 힘들수록 더 힘들게 생각하려는 고약한 버릇이 있습니다. 힘들수록 단순하게 생각하면 바로 거기에 답이 있는데 말입니다. 지금 편한 사람이 내일도 편하고 한 달 후에도 편하고 미래도 편합니다. 지금 편하면 충분합니다. 거기가 천국이고 열반입니다.

당신의 편안함에 비참함이 끼어들었습니다. 당신은 대부분의 여성처럼 단란한 가정을 이루기 원했는데, 내가 원하던 것이 이루어지지 않아 비참하다는 겁니다. 당신이 원하는 단란한 가정은 무엇인가요? 어린 시절부터 혼자인 당신은 '단란한 가정'을 너무 이상화했습니다. '단란함'의 정의를 다시 내리면 어떨까요? 꼭 뭉쳐 사는 가족이 단란하고 행복한 걸까요. 일찍 독립해서 따로 살면서 서로가 편하면 단란한 가정이 아닌가요?

어린 시절부터 지금까지 지나온 인생을 되돌아보세요. 당신은 혼자 있는 것을 좋아했고, 그때 가장 편했습니다. 생각을 행동보다 더 좋아했습니다. 아내에게 정을 주지 않는 남편과 엄마를 불편해하는 딸, 그것은 당신의 성향과 무관하지 않습니다. 의식적 대화가 아니라 무의식적 경향성이 가족 고유의 분위기를 만듭니다. 남편이 당신과 함께하는 것을 좋아했다면 당신의 문을 계속 두드렸을 겁니다. 외로운 당신은 마음의 문을 열었을 테지요. 딸도 당신과 함께하는 것을 원했다면 당신에게 의존했을 겁니다. 닫아놓은 당신의 애정의 문은 열렸을 겁니다. 남편도 딸도 혼자 있는 것을 함께하는 것보다 더 좋아했습니다.

'우리 가족은 이래서 만났구나' 하는 생각은 체념이나 포기가 아닌 희망입니다. 당신은 혼자일 때에 존재를 가장 잘 드러냅니다. 남들과 다른 삶을 산다고 비참한 것이 아니라, 남들과 같은 삶을 살아야 한다는 고정관념이 사람을 비참하게 만듭니다. 세상 모든 사람이 금목걸이를 목에 걸고 다녀도 나는 낡은 금속 목걸이를 걸고 다니는 것이 편하다면 그게 내 것입니다. 사람은 편안할 때 불필요한 정신 에너지를 낭비하지 않고 하고 싶은 일에 집중합니다.

당신이 어린 시절을 삼촌들 틈에 끼어 살아 외로웠던 것, 엄마의 사랑을 충분히 받지 못한 것은 당신의 의지와는 무관하게 진행됐습니다. 내 의지와 무관하게 진행된 것들은 어차피 내가 안고 갈 것들입니다. 삶의 출발이 달랐다고 해서 불행한 것은 아닙니다. 누구나 자기에게 최적화된 삶을 디자인해서 이 세상에 온다고 합니다. 원형은 그가 자기 인생을 살아가기에 최적의 외적 조건을 구성합니다. 이는 세월이 흐른 뒤에야 깨닫습니다.

저는 당신이 진정 원한 것이 무엇인지를 물었습니다. 당신은 단란한 가정이라 했다가 얼른 말꼬리를 내렸습니다. "단란한 가정은 내 물건 같지가 않아요. 왜인지는 모르겠어요." 저는 당신이 진정

원하는 것이 무엇인지 발견하도록 안내했습니다. '원하는 것'을 찾으면 가족의 형태는 문제 될 것이 없습니다.

단란한 가정을 이상화한 당신은 대학을 졸업하자마자 서둘러 결혼했습니다. 몸에 밴 외로움으로 인해 단란한 가정을 한 번도 경험해보지 못한 당신은 의심했습니다. '지난 20년간 여성의 기본 페르소나인 아내 기능과 엄마 기능을 나는 왜 그렇게 힘들어했을까. 나는 혼자 살 팔자인가! 남편에게 미안했으나 남편도 나와 비슷한 사람이라 그 미안함은 상쇄할 수 있었다. 그래도 딸에 대한 미안함은 여전히 있다. 퇴근하여 빈집에 들어와 책상 앞에 앉으면 이상하게 마음이 편하고 세상이 내 세상이 된 묘한 느낌이 든다. 이게 내 운명인가?'


## 나만의 고유성을 보여주며 살기

인류의 정신세계에 기여한 위대한 분들은 대체로 부모의 사랑이 결핍됐습니다. 그들은 결핍에 대한 갈망을 정신세계로 투사했습니다. 그들은 대체로 혼자 하는 것을 좋아합니다. 사람이 타인에게 할 수 있는 가장 큰 선행은 자신만의 고유성을 보여주며 사는 모습입니다. 남들과는 다른 고유한 삶을 당차게 살아가는 당신을 보고 사람들은 감동합니다. "사람마다 사는 모습이 다르구나. 내 길을 당차게 걷는다면 무엇이 문제인가?"

사람 사는 모습이 다 다르기 때문에 우리는 서로에게 치유자가 될 수 있습니다. 만일 사람 사는 게 다 똑같다면 모두에게 통용되는 모범적 삶의 매뉴얼이 있을 텐데, 그것은 최악의 불행입니다 혈육끼리 뭉쳐 사는 가족제도는 인류가 합의한 비교적 안정적인 형태의 공동체입니다. 그러나 보편적으로 타당한 절대적 형태의 공동체는 아닙니다.

당신은 지금 영성 관련 책을 부지런히 읽고 있습니다. "저는 좋은데 다른 사람은 어떻게 생각할지. 저는 참 재미없게 사는 것 맞죠?" 아직도 나는 좋은데 다른 사람의 생각을 걱정하고 있습니다. 엄마 없이 자란 어린 시절에 남 눈치를 봐서 생긴 걱정입니다.

중년 이후에는 세속적 윤리 규정을 넘는 초월 윤리가 필요할 때도 있습니다. 내 인생이 집단이 정한 규범이나 기준에 턱걸이만 할 수는 없습니다. 그게 내 인생입니까. 집단의 인생이지요. 우리는 하나의 기준을 넘으려 할 때마다 불안하고 두렵습니다. 그것을 넘어서 찾아오는 자유와 희열은 넘어본 사람만 압니다. 당신은 지금 그 경계선에 서 있습니다. 당신은 더 많은 책을 읽었고, 가사에 들일 에너지를 사유에 쏟았습니다. 생각을 정리하려 글을 다시 쓰기 시작했습니다. 이전에는 홀로 사는 외로움을 달래는 고육지책이라 생각했는데, 지금은 혼자 사는 외로움이 준 값진 선물이 됐습니다.

최근에 당신은 여사제로 나오거나 여사제의 제의에 참석하는 꿈을 여러 번 꿨습니다. 사제는 땅과 하늘을 연결하는 종교적 직책입니다. 제의는 땅과 하늘을 연결해주는 의례입니다. 심리학적으로는 의식과 무의식을 연결해주는 꿈입니다. 꿈은 당신이 추구해야 할 삶이 무엇인지를 보여줍니다. 당신은 영적 존재로 살아가도록 부름을 받았습니다. 그런 분들은 이 세상에서 실패를 거듭합니다. 그래서 영적 존재가 되고, 치유자가 됩니다.

이 세상에 영적 성장을 목적으로 살아가는 사람이 얼마나 되는지요. 없어질 것들에 사활을 걸고 사는 사람이 많습니다. 말은 영적이지만 본심은 욕망 추구가 제일인 종교인은 얼마나 많은지요. 인생의 목적은 하늘과 땅을 통합하는, 즉 의식과 무의식을 통합하는 사제가 되는 것이 아니면 무엇이겠습니까. 당신의 꿈은 원형이 보여준 상징입니다. '그 길로 가라'고, '남들과 비교하지 말고 당당히 당신만의 길을 가라'고. 심리상담가로서 상처 입은 사람을 돌보는 당신은 이미 여사제이고 제의의 집례자입니다.

---

**내 삶에 적용하는 Q&A**

Q. 제게는 편한 삶이지만 대부분 생각하는 이상적인 삶이 아닌지라 비참합니다.

A. 남들과 똑같이 살아야 한다는 고정관념을 버리세요. 내가 편하고 좋은, 나의 고유한 삶을 살면 됩니다.

## 삶의 진정한 목적은 자기가 되는 것이다

지나가는 사람들을 붙잡고 물어보자. "당신은 참된 자기로 살아가고 있습니까?" '그렇다'고 대답할 사람이 얼마나 될까? 사회적 역할을 수행하는 것과 참된 자기로 살아가는 것 사이에는 적지 않은 갈등이 있다. 당신이 진정으로 그리워하는 삶, 영원한 마음의 향수 같은 삶이 무엇이냐고 물었다고 하자. 사람들은 저마다 다양한 것에 대하여 말할 것이다. 그런데 그 다양한 것들이 하나를 향하고 있음을 융은 발견했다. 융은 이를 자기$^{self}$라고 했다. 자기는 정신의 중심에 위치한 원형 중의 원형이다.

자기는 과학적 정신의 세계를 넘는 영역에 속한다. 의식과 무의식이 합쳐진 곳의 중심이고, 정신 전체의 지휘소이고, 자아에 영향력을 미쳐서 개성화를 촉진하는 초월적 기능을 가지고 있다. 여기 한 사업가가 있다고 하자. 인생 후반기에 그가 무슨 바람이 불었는지 갑자기 화가가 되겠다고 나섰다. 그의 생각은 여러모로 비현실적이고 그가 속한 집단에서도 이해할 수 없는 일이기에 만류했다. 그러나 그는 어떤 큰 힘에 끌려 꼭 그 일을 해야 한다는 소명감에 사로잡혔다. 사업장을 해체하고 화가의 길로 나섰는데, 어디서 나온지 모를 놀라운 잠재력을 발휘하여 꿈을 향해 뚜벅뚜벅 걸어갔다. 바로 자기의 초월 기능이 작동한 것이다.

자기는 최고의 원형으로서 따로 형태가 있지는 않지만, 사각형이나 원으로 구성된 만다라 문양에 투사되기에 좋은 특성을 가졌다. 만다라는 '개별'과 '조화'라는 두 가지 특성으로 구성됐다. 티베트 불교 수행자는 홀로 그리고 집단으로 만다라 그리기 작업을 하면서 마음의 평안을 얻거나 도의 경지에 이른다.

개성화의 길로 떠난 분들의 꿈속에는 자기 상징이 종종 나온다. 숫자 4와 관련된 상징, 보석, 교회, 선박과 컨테이너, 나무, 꽃, 산, 호수, 제의, 사제 등도 자기의 상징물이다. 꿈에서 만나는 자기 원형은 실제 이상으로 황홀한 경험을 불러일으킨다. 바로 잠에서 깨거나 평생 잊지 못하는 꿈이 된다.

남편으로부터

벗어나야

삶의 질이 달라진다

# 남편이
# 이혼하자고 합니다

우리는 은퇴한 부부입니다. 돌아보면 저는 남편에게 많이 의존했고, 남편은 거의 다 받아줬던 것으로 기억합니다. 남편은 제 말을 여왕의 어명이라며 괜히 놀린 적도 많습니다. 이제 연금으로 노후를 즐길 만한 때에, 남편은 이제부터는 나를 위해 내가 좋아하는 것을 하면서 살겠다며 돌연 이혼을 제의했습니다. 아닌 밤중에 홍두깨라고 처음에는 말도 안 된다고 했지만, 우선 별거부터 하자는 남편의 제의를 받아들일 수밖에 없었습니다. 반년 동안 혼자 시간을 두고 생각하니 남편이 이해됐습니다. 자기 삶이 없었을 겁니다. 그러나 저는 아직 홀로 살 준비가 안 됐습니다. 이혼을 해줘야 하나요?

## 서로의 나르시시즘을 절반 채워주는 결혼

결혼 적령기는 몇 살일까요? 정신적인 성숙을 갖추어 분별할 것을 분별하는 나이에 결혼하려면 사십 이후라야 합니다. 그 나이가 되어야 자기 및 타자에 대한 객관적 인식이 생깁니다. 혼자가 아닌 타자와 함께 살아가는 부부관계의 현실과 이상을 어느 정도 조정하고 맞출 수 있습니다. 사춘기 때에 미해결과제로 남겨진 자기 정체성이 확립되는 시기이기도 합니다. 내가 어떤 특성을 가진 사람인지 그래도 조금은 분명해집니다. 이때 배우자를 찾으면 평생의 동반자를 만날 확률이 높습니다. 하지만 전쟁과 평화를 오가며 잘 몰랐던 것을 알아가는 인생의 짜릿한 자극은 없습니다.

당신 부부가 결혼하던 시대에, 대부분의 남녀는 이십 대 후반에 상대를 잘 모르고 결혼했습니다. 그래야 하는 줄 알았습니다. 삼십이 넘으면 부부 앞에 '노'자가 붙었습니다. 맞선을 본 후 3개월 만에 결혼한 부부도 적지 않습니다. 3개월은 결혼 준비의 최단기간이거든요. 그래야 한다는 시대적 요청은 개인의 주관보다 중시되었습니다. 요즘 결혼 적령이 높아진 것은 집단의식보다는 개인의 주체성을 더 존중하는 시대가 도래했다는 것을 말해줍니다.

결혼은 미궁입니다. 사십 이후에 해도, 결혼은 잘 모르는 사람을 만나 서로 맞춰가는 지난한 시간을 요구합니다. 인간의 고집스러운 나르시시즘은 나 아닌 타자와 함께하는 결혼제도로 구원받습니다.

결혼을 부족한 나르시시즘을 보상받는 방편으로 생각한다면, 그 결혼은 완벽하게 불행해집니다. 결혼은 내 나르시시즘은 절반 내려놓고 배우자의 나르시시즘은 절반 보상해주는 겁니다. 그리고 자녀 출산으로 부부는 희생의 과업을 집니다.

결혼은 인류가 합의한 각자의 성장을 위한 최상의 방법이지 그 자체가 목적은 아닙니다. 성장을 위한 다른 최선책이 나온다면 결혼제도는 뒤로 밀릴 겁니다. 요즘 청년들이 결혼을 늦추거나 안 하는 것은 경제적인 요인도 크지만, 결혼을 대체할 다른 좋은 것들이 문화화되고 있어서입니다. 결혼의 큰 욕망이었던 이성의 몸에 대한 신비감, 성적 욕구의 충족은 결혼이 아니더라도 해결되고 있습니다.

만일 당신 부부가 지금 시대에 만났다면 결혼 확률이 얼마나 됐을까요. 당신들은 1년 이상 연애했을 것이고, 하룻밤을 함께했다고 평생을 책임져야 한다는 고정관념에 사로잡히지도 않을 겁니다. 상대의 이해할 수 없는 성격을 포털사이트에 물어봤을 것이고, 경제적 문제도 신중히 계산했을 것입니다. 남편은 당신이 자기애성, 의존성 성격이란 것을 알았을 것이고 그런 여성과 결혼할 경우 평생 감당해야 할 것들이 무엇인지 미리 뽑아냈을 겁니다. 그리고 당신은 남편의 경제적 능력을 신뢰할 수 없어 망설였을 겁니다.

얼떨결에 하면 무엇이든 하지만, 망설이면 아무것도 하지 못합니다. 긴 인생을 살아가면서 '얼떨결'에 대한 신뢰는 필요합니다. 과거에는 많은 경우에 결혼을 '얼떨결'에 했습니다. 그렇다고 세심하게 살피고 결혼했다 해서 꼭 행복한 것도 아닙니다. 부부관계에서 '얼떨결'은 다양한 상황에서 서로를 당황하게 합니다. 인생이 그렇습니다. 그렇다고 그 결혼에 문제가 있는 건 아닙니다. 결혼은 명쾌하게 정의할 수 없는 그 무엇입니다.

## 배우자는 삶이라는 여행의 동반자

당신은 남편에게 많이 의존했습니다. 남편이 거의 다 받아줬다는 것은 많은 생각거리를 제공합니다. 사람은 본능적으로 배우자에게 부모상을 요구합니다. 아내는 남편에게 딸처럼, 남편은 아내에게 아들처럼 굴기도 합니다. 결혼생활이 주는 퇴행의 즐거움입니다. 서로 주고받는 퇴행의 즐거움에 있어 균형이 깨지면 억울한 쪽이 생깁니다. 남편이 당신을 위하여 잘 참는 사람이었다면, 남편은 속으로 억울했을 것입니다. 참아야 했던 억울한 감정은 언젠가는 밖으로 분출됩니다. 지금이 그때입니다. 당신의 말이 남편에게 '어명'이라면, 남편은 당신의 신하입니다. 신하는 왕을 위하여 자기 것을 억압합니다. 남편은 자기 같은 가난한 남자에게 시집온 부잣집 딸에 대한 예우로 신하 역할을 해줬습니다.

남편은 당신을 모시고 살았다고 했다는데, 그것은 즐거운 척해도 즐거운 일이 아닙니다. 남편은 지금 자신에게 즐거운 일을 하겠다는 겁니다. 오랜 세월 억압한 욕망을 풀어놓고 싶어 합니다. 억압한 감정의 분출은 남편도 어쩔 도리가 없습니다. 당신이 남편의 신하가 되어줄 차례입니다.

남편은 당신의 분리 불안과 과대한 자기를 잘 받아주고 인정해주었습니다. 당신은 다른 형제자매에게 치여 누리지 못한 공주로서의 지위를 남편에게 보상받은 셈입니다. 남편은 모성 결핍으로 인한 공허를, 아내가 가진 예술성에 대리만족하면서 보상받았습니다. 대학교에 출강하고 작품 전시회를 열기도 하고 즐길 줄 아는 당신, 유명한 예술가는 아니어도 당신만이 가진 예술성에서 남편은 취약한 자기애를 보상받았습니다. 무한한 창조와 상상력의 공간을 가진 예술은 인간의 결핍을 보상하기에 아주 좋은 '중간 대상'입니다. 남편은 당신이 아닌 당신의 작품에서 자신의 결핍을 보상받았습니다. 부부에게는 이렇게 서로 주고받는 것이 있습니다.

그럼 당신 부부는 어린 시절의 결핍을 상대에게 보상받으려는 무의식적 욕구로 결혼했고, 지금까지 함께 살아온 걸까요? 맞습니다. 그건 이상하지 않습니다. 천생연분은 하늘이 내려준 특별한 부부가 아니라 아동기의 결핍을 서로 잘 보상해주는 관계를 말합니다. 심리학은 하늘에 둥둥 떠다니는 불안한 것들을 땅에 착지시켜 뿌리를 내리게 합니다. 있는 것을 있는 것으로 받아들이니 갈등은 대폭 감소합니다. 부부는 그렇게 만나고 살아갑니다. 인생은 자기에게 결핍된 것을 타자로부터 보상받고, 마침내 자기도 타자를 위하여 내어주는 삶을 사는 긴 여행입니다.

배우자는 여행의 동반자입니다. 배우자 때문에 행복하거나 배우자 때문에 불행하다는 것은 내 삶이 배우자에게 걸려 앞으로 나가지 못하고 있다는 겁니다. 행복과 불행은 나 때문이어야 합니다. 내가 나로서 행복하면 배우자와 행복하고, 불행하면 배우자와도 불행합니다. 저는 배우자를 잘못 만나 불행하다는 이들에게, 당신은 배우자에게 종속된 어리석은 존재가 아니라는 것을 알려줍니다.


## 오래된 매뉴얼을 넘어 삶의 다양성 보기

당신 부부는 지금부터가 중요합니다. 남편이 이혼하자는 것은 남편 때문이지 당신 때문은 아닙니다. 자기가 원해서 아내의 신하가 됐습니다. 이제 와서 더는 신하로 못 살겠으니 이혼하여 독립하겠다는 것도 순전히 남편 자신의 욕망입니다. 여왕을 모시는 신하가 없으면 여왕도 없습니다. 당신은 남편이 왜 이혼하자고 하는지 이해해야 합니다. 그 이해를 기초로, 지금부터라도 남편을 당신 의도대로 통제하거나 변화시키려는 일체의 노력을 버리세요. 과도하게 흥분해 아내를 떠나면 당장 큰일이라도 할 것처럼 날뛰는 남편을 되도록 거리를 두고 관찰하는 자세를 취하세요. 남편은 이전과 같은 당신의 통제를 예견하고 과한 감정을 쏟아내고 있는지도 모릅니다.

　부잣집 딸인 아내에게 예속됐다고 여기는 가난했던 남편으로서
는 용기 있는 외침입니다. 아내의 신하가 아니라 아내를 신하로 부
리는 왕으로서 자율권을 행사하고 있습니다. 이혼이 용기 있다는
것이 아니라, 이혼 선언에 드러난 '자기'를 찾고자 하는 노력에 용기
가 있습니다. 남편이 말하는 '자기 찾기'를 왜 나와 함께하면 안 되
느냐고 당신은 남편에게 외쳤습니다. 당신에게는 여전히 남편을 통
제하려는 습관이 남아 있습니다. 부부성장의 변곡점에서는 서로가
짐을 나눠야 합니다. 지금은 당신이 남편의 신하가 될 차례입니다.

　성장하려는 원형의 충동은 누구도 막을 수 없습니다. 남편은 지
금 혼자여야 할 때입니다. 봐요. 짐 싸 들고 나갔지 않습니까. 남편
은 더 나이 들기 전에 자기를 찾는 여행을 떠난 겁니다. 남편에게 새
여자가 생기면 어떻게 하냐고요? 이혼하자고 덤벼드는 나이 육십
인 남편을 당신은 어떻게 할 수 없습니다. 당신이 남편보다 당신의
예술작품을 더 소중히 여긴 것에 대한 대가라고 생각하세요. 지금
남편은 더 좋은 아내, 곧 마음 깊은 곳에서 타오르는 '자유의 갈망'
을 아내로 삼고 싶어 합니다. 남편은 바다가 내려다보이는 언덕 위
에 집을 짓고, 오랜 세월 마음의 소망인 글쓰기에 전념하고 싶다고
했습니다. 그래서 무얼 이루겠다는 것은 아니고, 한번 해보고 싶은
것입니다. 시행착오는 실패가 아니라 소중한 경험입니다.

　당신은 불안한 표정으로 물었습니다. "정말 이혼하자고 하면 어

떻게 합니까?" 남편이 정말 이혼할 생각을 가졌다면, 당신은 남편의 생각을 바꿀 수 없습니다. 그러나 남편의 이혼 강수는 하나의 '수'에 불과한 것으로 보입니다. 아내에 대한 최고의 저항 표현이 아닐까요. 황혼이혼과 별거가 꾸준히 증가하고 있습니다. 그러나 '너' 때문에 행복할 수 없다면 다른 누구를 만나도 행복할 수 없습니다.

이혼이 행복의 보증수표는 아닙니다. 이혼은 경제적인 것과 자녀 문제, 우울과 고독감 등 예기치 못한 일들을 발생시킵니다. 거친 들판으로 혼자 나가 낯선 것을 경험해보겠다는 용기가 없다면 이혼은 신중해야 합니다. 친구들이 있지 않냐고요? 나이 들면 친구가 많아도 혼자입니다. 마치 어린이가 엄마에게 내지르듯 당신에게 내지르는 남편의 이혼 제의는 진실성이 보이지 않습니다. 아내에게 한 번쯤은 말 안 듣는 남편의 엄마가 돼 달라고 떼쓰는 것 아닐까요. 남자 나이 육십 대에 흔하게 일어나는 심리적 퇴행입니다. 지금까지 남편이 아내를 돌봤다면, 지금은 아내가 받아온 것들을 남편에게 되돌려줘야 하는 시간입니다.

남편의 이혼 선언과 가출은 자신의 선택에 대한 분노의 표현입니다. 분노 상태에서는 어떤 현명한 결정을 내릴 수 없습니다. 남편은 아동기부터 가졌던 자신의 분노를 가라앉힐 별거의 시간이 필요합니다. 당신은 남편 없는 홀로의 시간을 보낼 것이고, 그동안 남편이 해준 일을 스스로 해야 합니다. 죄책감 가질 필요는 없습니다. 이 얼마나 좋은 기회입니까? 이런 역동이 없이 매뉴얼대로 순탄한 삶은 정말 지루합니다. 부부관계에 대한 당신의 오래된 매뉴얼을 버리세요. 그래야 매뉴얼을 넘어서 있는 삶의 다양성이 보입니다.

남편에 대한 집착이 고민거리가 됩니다. 신하를 내보내고 내가 신하가 될 것인가, 신하를 곁에 두고 계속 여왕으로 군림할 것인가? 남편을 옆에 묶어두고 싶은 욕망이 당신에게 있습니다. 더는 그런 나르시시즘이 통하지 않음을 홀로 있는 시간에 배워야 합니다. 생애 전반은 자신의 나르시시즘을 만들어나가야 하고, 후반은 타인과 세상의 나르시시즘에 기여해야 합니다. 그럼으로써 타인과 조화하고 세상과 더 크게는 우주와도 조화합니다.

지금 당신의 남편은 사춘기 청소년의 환상에 젖어 있습니다. 중고등학교 백일장에서 수상 몇 번 했다고 글 잘 쓰는 잠재력이 있는 것은 아닙니다. 글쓰기야말로 노력입니다. 그러나 한번 해볼 필요는 있습니다. 해보다가 남편은 정말 자신의 잠재력이 무엇인지를 발견할 수도 있습니다. 경험보다 더 좋은 공부는 없습니다. 남편은 새로운 여성을 찾고 있다고 했습니다. 남자가 제2의 인생을 살겠다는 다짐은 새로운 여성을 찾는 상징적 행위로 나타납니다.

제2의 인생에 대한 열망은 원형이 만듭니다. 강렬한 에너지를 가졌고 쉽게 막을 수가 없습니다. 남편이 집을 떠나는 것으로 인한 경제적 손실도 있습니다. 당신은 남편과 자신 모두를 신뢰해야 하는 과제를 부여받았습니다. 힘든 인생의 과제를 완수할수록 더 큰 자유와 평화가 옵니다. 남편의 반란이 아닌 밤중에 홍두깨인 것은 사실이지만 거기에는 남편의 진실이 담겨 있습니다. 그 정도 반란은 애교로 봐주려는 당신의 넉넉한 마음에 경의를 표합니다.

---

**내 삶에 적용하는 Q&A**

Q. 제가 전적으로 의존해온 남편의 이혼 요구에 어떻게 대응해야 할까요?

A. 결혼은 서로의 나르시시즘을 절반씩 보상해주는 것입니다. 지금까지 남편이 당신의 의존성을 받아주었다면, 이제는 남편의 오랜 결핍을 채워주세요.

## 부부는 일심동체가 아니다

부부는 어떨 때 서로 통한다는 느낌을 받을까? 하나의 감정을 공유하는 순간이다. 나의 느낌을 배우자가 똑같이 느끼게 하고, 배우자 역시 그것을 똑같이 느껴준다면, 그 순간 부부는 그야말로 일심동체가 된다. 내 감정을 상대가 느끼게 하는 것을 '투사적 동일시'라고 하고, 상대가 내 감정을 느끼는 것을 '내사적 동일시'라고 한다. 두 가지의 심리 기제가 동시에 일어나면, 그 순간 둘은 서로 강렬하게 통한다. 강렬한 연애, 사랑의 환상은 이래서 생긴다. 여기엔 국경을 초월할 정도의 초음속 에너지가 있다.

그러나 그것도 잠시. 어느 정도의 시간이 흐르면 부부는 같은 일에 대해서도 서로 다른 생각과 느낌을 가진, 매순간 통할 수 없는 남남임을 알게 된다. 우리는 이렇게 서로 다르구나 하고 상대를 인정하고 존중하면 부부는 성장한다. 그러나 일체감의 즐거움을 계속 유지하기 위해 상대에게 계속 나의 생각과 느낌을 강요한다면? 상대는 나에게 맞추거나 거절한다. 당신은 거절하는 상대를 비난한다. 대부분의 부부 갈등이 이렇게 나타난다.

'부부는 일심동체'라는 말은 유교 문화권에서 남편이 자기는 멋대로 하면서 아내를 자신이 만든 감옥에 가두려는 일종의 폭력이 아닐까. 또는 가족주의에 빠진 아내가 남편을 자신이 만든 둥지에 묶어두려는 불안의 표현이 아닐까. 가능하지 않지만 정말 일심동체 부부가·있다면, 그들은 서로를 통제하거나 맞추고 있는 것이다. 그들에게는 '나'로 살지 못하는 억압이 있다.

부부뿐만 아니라 다양한 관계에서, 서로가 하나 되는 경험은 비가 온 뒤에 잠깐 보였다 사라지는 무지개 정도에 불과하다. 우리는 무지개가 없는 거리에서 더 많은 시간을 보내야 한다. 메마른 거리를 따뜻하게 하는 방법은 상대에 대한 기대는 내려놓고 상대를 좀 더 이해하겠다는 마음가짐이다.

그런데 부부는 무의식 중에 아동기 결핍을 투사적 동일시로 상대 배우자에게 요구하기에, 그야말로 갈등의 밑바닥까지 내려간다. 바닥을 치면 그다음은 올라올 차례. 올라올 때는 혼자 올라온다. 그리고 부부는 변화된 모습으로 재회한다. 이 작업이 안 되면 관계는 파국으로 간다. 한국에서 이혼율이 높은 이유는 갈등의 바닥을 치는 통과 의례를 견뎌내지 못하기 때문이다. 때에 따라서 이혼도 통과 의례의 일부이다.

# 저는 남편의 어린이로
# 살았습니다

남편은 저를 어린이 취급합니다. 저도 전문가로서 사회생활을 하고 남편만큼은 아니어도 괜찮게 벌고 있습니다. 남편에게 뒤질 게 없지만, 다들 그렇게 사는가 싶어 그냥 편하게 남편의 큰딸로 살았습니다. 제 봉급관리도 남편이 다 해주고요. 한편으로는 편했습니다. 사십 대 중반을 넘기면서 이런 부부관계가 부자유하기 시작했습니다. 남편에게 저항했으나 남편은 여전히 제 말을 귀담아듣지 않고, 행동의 변화를 보이지 않습니다. 제가 이상해졌다는 겁니다. 제가 정말 이상한 건가요?

부부관계는 오랜 세월을 함께 살면서 형성되는 그들만의 관계 유형이 있습니다. 이 유형은 새로운 관점이 생기기 직전까지 부부가 함께 만든 의미 있는 관계입니다. 다른 부부와의 비교는 위험합니다. 우리 부부는 최악의 관계라고 말하는 사람도 있습니다. 정말 최악이 아니라 최악으로 생각하는 것에 불과합니다. 최선이라고 생각하면 정말 최선이 되는 것이 부부관계입니다. 그리고 함께 성장하기 위해 거기서부터 무엇을 어떻게 바꾸어야 할지 알게 됩니다.

부부는 굳어진 관계 유형에 불만을 표하지만 거기서 안정을 찾기도 하는 이중관계에 있습니다. 불만이지만 익숙하고, 익숙해서 불만입니다. 부부관계는 신만이 아는 측면이 있습니다. 타인이 자신의 경험을 들어 다른 부부 사이에 끼어들어 평가해서는 안 됩니다.

익숙한 부부관계는 중년기에 위기를 맞습니다. 한쪽에서 또는 양쪽 모두에게서 기존의 방식을 깨뜨리고 싶어 합니다. 마음이 변한 것이 아니라 변화된 환경에 대비하기 위하여 새로운 관계 방식이 필요한 때가 온 겁니다. 이는 마음 안에서 일어나는 심리적 현상이면서도 갱년기처럼 피할 수 없는 생물학적 현상이기도 합니다. 타인이 아닌 나로 살고 싶은 각자의 원형은 중년기에 더욱 뚜렷해집니다. 예전의 사랑을 되찾는다며 과거의 관계 방식으로 되돌아가는 것은 가능하지 않고, 가능했다면 성장 여행을 중단한 것입니다.

남편의 어린이에서 벗어나려는 당신은 그것을 거부하는 남편과 대척점에 섰습니다. 남편의 어린이로 살아온 것의 책임이 남편에게 있다고 생각합니다. 잘 생각해보면 당신도 그런 부부관계에 기여했고 나름 즐겼습니다. 누군가의 어린이가 되는 것은 즐거움을 가져다줍니다. 이제 와서 남편이 나를 어린이로 만들었다고, 그 모든 원인을 남편에게 두는 것은 자기 탓을 타인의 탓으로 돌리는 투사입니다. 인생 다반사에서 나 때문이 아닌 누구 때문이라는 책임 전가는 정신 에너지만 낭비합니다. 내가 그를 바꿀 수 없습니다. 불평거리만 만들 뿐 문제 해결에 도움이 안 됩니다. 그가 돌아보고 변하는 것은 그의 몫입니다. 그의 원형이 움직여야 합니다. 원형의 움직임은 자아의 통제권을 벗어나 있습니다.

당신은 말했습니다. "남은 인생을 나로 살기 위해서 나를 통제하는 남편이 변화해야 합니다." 천만에요. 그렇지 않습니다. 남편은 당신이 좀 어른스러웠으면 좋겠다고 말하지 않았습니까. 자기의 변화는 보류하고 상대를 변화시키려고 한다면 그 피해는 자신이 고스란히 받습니다. 하긴, 그 피해도 인생 전체를 보면 유익합니다. 나쁜 것이 항상 나쁜 것이 아니니까요. 그러나 나쁜 것은 인정사정없이 주체와 그 주체와 연관된 대상을 휘몰아칩니다. 그런 혼돈과 무질서가 또한 창조의 모태가 되기도 하지만, 피할 수 있는 것은 피해야 합니다.

모든 변화는 나로부터 시작하고, 특히 중년 이후에는 타자에게 원인을 둔 것들을 무조건 자기에게로 가지고 와야 합니다. 변화하려는 의지가 있으면 원형이 돕습니다. 원형은 자아가 생각해낼 수 없는 에너지를 가지고 있고 변화에 맞게 상황을 재구성하기도 합니다. 부정이든 긍정이든 강한 정동으로 마음에 영향을 줍니다. 변화를 위한 깊은 자기암시는 매우 유익합니다. 당신이 오랫동안 남편의 어린이로 살아온 것은 어린이 원형에 따른 행동입니다. 이제 남편의 어린이로부터 벗어나 성인으로 당당히 살겠다는 의지는 성인 원형에 따른 것입니다.

오랫동안 부모의 육아에 큰 도움을 준 TV 프로그램 〈우리 아이가 달라졌어요〉가 있습니다. 아이들이 문제 성향을 고친 내막을 잘 살펴보면 아이가 변한 것이 아니라 부모가 변한 것입니다. 변화를 거부하려는 사람의 단골 메뉴는 '너 때문'입니다.


## 변화 없이는 성장도 없다


당신은 결혼 전부터 이미 어린이성을 가지고 있었습니다. 어린이성의 특징은 타인에게 의존함으로 존재감을 찾는 겁니다. 당신은 어린 시절에 사랑받지 못해 사랑을 갈망만 한 기억을 가지고 있습니다. 사람은 무의식 중에 아동기 미해결 과제를 해결해줄 사람을 찾습니다. 또 그런 사람을 만나 결혼합니다. 나의 반쪽이란 나의 결핍을 상대가 채워주는 것을 뜻합니다. 남편은 어린이성을 받아줬고, 당신은 그것을 즐겼습니다. 당신의 일부인 봉급을 돈 관리에 능한 남편에게 맡겼을 정도로 말입니다.

반면 남편은 당신의 의존을 받아들이며 남편으로서의 존재감을 채웠습니다. 만일 당신이 남편의 엄마처럼 남편을 슬하에 뒀다면, 당신은 만족했을까요? 만족도가 높다고 이상적 부부는 아닙니다. 만족도가 높은 부부가 그 즐거움에 빠져 성장하지 않는 것을 저는 많이 봤습니다. 그들은 함께 맛집을 찾아다니고 좋은 곳을 여행하며 잉꼬부부를 자처하지만, 잉꼬는 싸울 때 무섭게 싸웁니다. 그들은 겉으로 봤을 땐 사이좋은 최고의 부부 같지만, 갈등이나 변화가 두려워 성장을 회피하는 부부일 가능성이 높습니다. 지금까지의 당신 부부는 최선의 관계였습니다. 지금 변화의 시간이 왔습니다.

당신은 나 이제 당신으로부터 벗어나고 싶다고 남편에게 말했습니다. 남편은 깜짝 놀랐습니다. 이혼하자는 것이냐고 물었으니까요. 당신의 말은 남편이 아닌 당신 안에 있는 내면아이로부터 벗어나겠다는 의미입니다. 반면 성인으로만 살아온 남편은 자기 안의 내면아이를 찾아 먹여야 합니다. 당신 부부에게 변화와 성장의 시간이 도래했습니다.

"저는 사소한 말다툼이 싫어요. 그냥 남편이 하고 싶은 대로 하라고 했습니다." 사소하다뇨? 사소한 거 빼면 인생에 뭐가 남는지요. 말다툼하기 싫다뇨? 말다툼 없이는 화해도 없습니다. 시작과 끝만 잘 한다면 말다툼을 거치면서 부부관계는 더 좋아집니다. 독재자와 그의 하수인들 사이에는 말다툼이 없습니다. 독재자는 어른, 하수인은 무조건 어린이가 되는 겁니다. 거기에는 어떤 창조적 일도 일어나지 않습니다. 지금부터 당신이 해야 할 일은 남편과 말다툼하는 겁니다. 당신 안에 억압된 것들을 꺼내 표현하는 겁니다. 그것들은 매우 유치한 것부터 중요한 것에 이르기까지 정말 다양합니다. 당신의 변화에 남편은 자신을 돌아봅니다. 남편들은 아내의 변화에 매우 민감합니다.

당신은 딸이 자신에게 너무 과하게 집착한다고 했습니다. 이러다가 딸을 '마마걸'로 만드는 것은 아닐까 걱정하고 있습니다. 딸을 분리해내려고 일부러 무관심하거나 거리도 둬봤지만 그럴수록 딸은 더 집착했습니다. 당신은 중요한 고백을 했습니다. "솔직히 말하면 저는 그것을 즐기는 측면이 있습니다." 남편에게 예속된 결핍을, 딸을 내 안에 예속시킴으로써 채우려는 무의식적 보상행위입니다. 당신의 일방적 부부관계의 욕구불만이 딸에 대한 일방적 사랑 혹은 집착으로 전이됐습니다. 당신이 남편의 그늘에서 벗어나지 못하듯 딸도 엄마의 그늘에서 벗어나지 못하는 겁니다. 이런 현상은 무의식 중에 일어납니다.

"그럼 다 저 때문인가요?" 당신은 죄책감을 가졌습니다. 죄책감에서 배울 것은 배우고 되도록 빨리 버리세요. 오래된 죄책감은 터질 시간을 기다리는 숨겨진 시한폭탄입니다. 본래 죄책감은 자기를 돌아보고 타자를 이해하는 성장의 중요한 발판이었습니다. 그런데 힘을 가진 집단 또는 권력자가 소속원들의 죄책감을 '자기 처벌'로 만들어 그들의 힘을 유지하는 데 이용하고 있습니다. 죄를 강조하는 종교와도 같습니다.

자녀 양육에 관한 한 거의 모든 엄마는 죄책감이 있습니다. "그때 그렇게 했더라면!" 자기 통찰로 바꾸어나가세요. "지금부터는 이렇게 해야겠다." 딸의 어린이성을 직접 바꾸어주려 하면 실패합니다. 당신이 남편의 예속으로부터 벗어나면 딸도 당신으로부터 벗어납니다. 딸은 당신에게 "엄마, 아직도 아빠에게 끌려다녀" 하고 핀잔을 쳤습니다. 딸이 자신에게 하는 핀잔입니다. '나는 왜 아직도 엄마에게 끌려다닐까.' 딸은 엄마에게 아버지에 대한 분노를 표하지만 그 분노는 자신에게 자유를 주지 않는 엄마에 대한 분노이기도 합니다.

모든 것을 남편과 함께할 수는 없습니다. 당신은 남편과 함께할 수 있는 것과 할 수 없는 것의 경계를 정해놓고 그 원칙에 따라야 합니다. 성인은 원칙에 따라 움직입니다. 어린이는 막연한 기대에 따라 움직입니다. 그저 타인의 시각과 행동에 따르는 것은 나의 삶이 아닙니다. 당신은 어린이성을 탈피하고 주체적인 인생을 살아야 합니다. 당신은 더 이성적이고, 더 객관적이고, 더 공격적이어야 합니다. 그래야 당신 자신을 새롭게 느끼는 것과 동시에 남편을 보는 새로운 시야도 열립니다. 남편은 어린이성을 탈피한 당신에게 서서히 적응해나갈 겁니다.

---

### 내 삶에 적용하는 Q&A

Q. 남편에게 예속된 관계에서 벗어나려면 어떻게 해야 하나요?

A. 부부관계는 둘이 함께 형성해온 것입니다. 그리고 변화는 나로부터 시작합니다. 내 안의 억압된 것들을 꺼내 표현하며 관계의 방향을 바꿔보세요.

# 우리 부부는
# 정반대 성격유형입니다

5년 전부터 남편은 중견간부로 일하던 회사를 사직하고 프리랜서로 재택근무를 시작했습니다. 그러다 잘 몰랐던 둘의 성격 차이가 심각하게 드러났습니다. 그 전부터 남편과 저의 성격이 많이 다르다는 것은 알았습니다. 하지만 남편이 퇴근한 저녁 늦은 시간과 주말에만 함께하니 그 정도는 견딜 만했습니다.

저 역시 프리랜서로 집에서 소일을 하면서 생활비의 일부를 벌고 있습니다. 특별한 일이 없는 한 24시간을 함께하는 부부가 되자 우리는 성격이 달라도 너무 다르다는 것을 알았습니다. MBTI 성격유형을 검사해봤더니 저는 INFP, 남편은 ESTJ로 정반대 유형이 나왔습니다. 남은 삶을 어떻게 맞춰가야 할지 고민입니다.

## MBTI로 정의할 수 없는 부부관계

MBTI 성격유형에 따르면, 당신은 잔 다르크형이고 남편은 사업가형입니다. 잔 다르크는 가치를, 사업가는 이윤을 중요하게 여깁니다. 잔 다르크형은 창의적이며 직관적이고, 사업가형은 주도적이고 실제적입니다. 두 부부는 화합하기 힘든 성격유형입니다. 그러나 모든 심리검사는 검사 시의 여러 상황에 따라 조금씩 다르게 나타납니다. 어디까지나 참고사항이지 절대적 기준은 될 수 없습니다. 사람은 MBTI 성격유형 밖에서 더 많은 특성이 발생합니다.

오랫동안 심리상담을 해온 저로서는 두 분의 갈등이 충분히 짐작됩니다. 아내인 당신이 주로 참았기에 결혼 초에는 견딜 만했다고 했습니다. 당신이 참을 수 있었던 자원은 당신만이 가진 신념에 대한 우월성과 자신감이었습니다. 아마도 당신은 남편이 일은 잘하지만 정신적 수준은 낮은 사람이라고 생각했을 겁니다. 반면 남편은 당신을 자신만의 세계에 갇혀 사는 사람으로 봤을 겁니다.

이런 갈등이 표면에 드러났습니다. 언젠가는 드러날 일이 드러났으니 다행입니다. 갈등이 무의식에 더 깊이 억압되는 나이에 성격 차이가 나타났다면 상황은 더 심각해집니다. 모든 감춰진 것은 드러나기 마련입니다. 부부는 대체로 나이 오십 전후에 성격 차이의 갈등이 전면에 드러납니다. 그 나이는 아직 갈등의 근본을 정리할 수 있는 경험과 힘이 있는 나이입니다.

일반적으로 MBTI 성격유형에서 두 개의 지표는 같고 두 개의 지표는 달라야 괜찮은 부부관계를 유지할 수 있다고 하지만, 그것은 가능성입니다. 부부관계에서 변수는 신만이 압니다. 내가 이 남자가 아닌, 한때 달콤한 연애를 즐겼던 그이와 결혼했다면 지금 같지는 않았을 텐데 하며 후회하나요? 모르는 일입니다. 더 힘들었을 수도 있습니다. 사람은 현재가 불만스러울 때에 과거를 그리워하고 그때가 좋았노라고 하지만, 그때가 정말 좋았는지는 본인이 잘 압니다.

부부는 자아의 의지로만 결혼하지 않습니다. 서로가 모를 어떤 강력한 힘에 끌려 결혼합니다. 그 힘은 부부관계를 엮어주는 명확히 정의하기 힘든 묘한 힘입니다. 우리는 정말 사랑해서 결혼했다고 하는 부부는 많지 않습니다. 사랑보다 더 큰 힘은 필연입니다. 고작 MBTI 성격유형 정도로 부부관계의 위기를 점쳐서는 안 됩니다.

최고의 부부도 없고 최악의 부부도 없습니다. 단지 그렇게 바라거나 생각하는 것뿐입니다. 부부는 서로 다른 것들을 주고받으며 함께 성장합니다. 당연히 성격 차이가 납니다. 성격 차이가 클수록 서로 주고받는 것이 더 역동적이고, 더 많이 성장할 기회를 가집니다. 성장은 낯설고 새로운 것을 더 많이 받아들이는 과정입니다. 낯선 곳으로의 모험이 두려워 성격 차이라는 방어기제를 작동해 서로 경계하는 것입니다. 적당한 선에서 타협하고 본능의 만족을 얻는다면 성격 차이는 전면에 드러나지 않습니다. 성격 차이가 나타난 부부는 성장을 앞둔 것이지 불행을 맞이한 게 아닙니다. 성격 차이로 이혼하는 것은 성장하지 않겠다는 뜻입니다. 잘 맞는 다른 사람을 만나 재혼해도 성격 차이는 또 드러납니다.

## 다름을 존중하고 인정하는 것

부부는 몸과 마음의 치부를 다 드러내면서 섞이는 관계입니다. 하지만 신은 그 속을 모르게 했습니다. 서로 존중하라는 겁니다. 모르는 부분은 내버려둬야지, 알려다가 상호 침범이 됩니다. 에덴동산의 선악과 같은 것입니다. 아담과 하와는 선악을 알게 하는 선악과를 따먹어 벗은 몸이 서로에게 부끄러워졌습니다. 낙원에서 추방당했습니다. 모르는 것을 모르는 대로 놔두지 못했던 겁니다.

MBTI 성격유형에 따라 상대를 다 안다고 여기는 것은 위험합니다. MBTI의 목적은 세상에는 16가지의 성격유형이 있다는 것을 인정하고 존중하라는 것입니다. '성격유형을 검사해보니 우리는 이런 차이가 있구나', '나는 어떻게 하면 상대를 잘 이해할 수 있을까'라는 고민을 해야 합니다. '우리는 이렇게 차이가 난다', '앞으로 어떻게 맞춰 가야 하나'와 같은 고민은 실패합니다. 저는 배우자와의 성격 차이를 호소하는 분들의 이야기를 많이 들어왔습니다. 그들은 배우자의 고유한 영역을 자기 방식대로 침범해 들어가고 있었습니다.

자기를 발견한 내담자는 말합니다. "왜 남편(또는 아내)이 나와 다른지 알게 됐어요." 알았다고 관계가 급진전하지는 않습니다. 얕은 이해의 지름길입니다. 남편이 나와 똑같다면 그게 무슨 부부겠습니까? 나의 아바타이지요. 다름을 존중하지는 못하더라도 인정을 해야 합니다. 이것이야말로 부부의 힘겨운 과제입니다. 이 과제를 수행하고 나면 세상에 이해할 만한 사람이 더 많습니다. 대체로 배우자에게 불만인 사람이 세상에 더 많은 불평거리를 가지고 있더군요.

우리는 산소와 수소의 특성이 같지 않다고 원망하지 않습니다. 산소는 산소로 기능하고, 수소는 수소대로 기능하면서 물이 됩니다. 부부도 서로 다르기 때문에 부부입니다. 성격 차이로 갈등이 크다는 것은 상대의 성격을 존중하지 않아서입니다. 또는 부부는 하나여야 한다는 고정 관념 때문입니다.

"매일 한 집에 사는 두 사람이 적당히 거리를 두는 일이 어디 쉬운 일인가요?" 그럼 일심동체가 되는 일은 쉬운가요? 그것은 불가능합니다. 하다못해 밥 먹는 시간부터 일상의 작은 일에서 갈등이 생기는데 어떻게 해야 하냐고요? 혼자 어떻게 하려는 생각을 버리세요.

당신도 돈을 버는데, 남편이 집에 있어도 하루 세 끼 밥부터 설거지, 집 청소까지 당신 혼자 합니다. 아이들 학원 등원을 챙기는 일도 혼자 합니다. 남편은 당신보다 돈을 많이 번다는 이유로 가사분담을 하나도 하지 않습니다. 당신은 말합니다. "나 혼자 다 하고 거리두기 하란 말인가요? 그럼 저만 손해입니다." 당신 혼자 감당하려고 하지 마세요. 왜 남편의 몫까지 다 가져오려는 겁니까. 갈등을 피하고 하나가 되려고요?

계속 이러다가는 화병이 날 지경입니다. 부부 중 한 명이 화병에 걸린다면 당사자에게도 책임이 있습니다. 당신은 남편과 타협할 수 있는 것을 타협하고, 타협할 수 없는 것들은 선을 정확히 그어야 합니다. 남편은 아내가 전과 같지 않음을 알게 됩니다. 당황한 남편은 당신에게 익숙한 관계 방식을 강요할 겁니다. 밥을 며칠 안 했다고, 설거짓거리가 싱크대에 쌓였다고, 집 청소 며칠 안 했다고, 문제 될 것은 없습니다. 재택근무 중인 남편은 그것을 다 보고 있습니다. 그가 집안일은 부부의 공동과제임을 배울 때까지 기다리세요. 남편의 신경질적 반응에 거리두기를 하세요, 그러든 말든. 그러다 부부싸움 한다고요? 그러면 싸우세요. 단, 침묵 말고 말로 싸우세요. 부부가 잘만 싸운다면 얻을 것이 정말 많습니다. 성격 차이가 클수록 경험하고 배울 것이 많아 좋습니다.

---

### 내 삶에 적용하는 Q&A

Q. 남편과의 극심한 성격 차이를 극복할 수 있을까요?

A. 성격 차이가 클수록 성장의 폭도 넓어집니다. 서로의 다름을 인정하고 존중하는 것부터 한 단계씩 나아가보세요.

## 부부는 갈등으로 성장한다

신혼 초기에 참깨가 쏟아지는 부부가 얼마나 될까? 대부분은 성격 차이로 갈등한다. 연애와 결혼은 질적으로 다르다. 결혼 초기에 하는 성관계는 성격 차이를 상쇄하여 부부관계를 유지하는 중요한 요소이다. 연애 기간에는 모르다가 결혼 후에 성격 차이가 현저히 드러나는 것은, 결혼 전에는 방어기제가 작용하여 각자의 퇴행한 모습을 감추기 때문이다.

결혼하여 더 이상 방어할 필요가 없어지면, 각자의 아동기에 미해결된 갈등이 부부관계의 전면에 드러난다. 소위 '성격 차이'로 결혼을 후회하는 경우도 있다. 이는 부모, 특히 엄마와의 갈등과 소망을 배우자에게 옮기는 것이다. 가령 엄마를 돌보면서 화를 참아야 했던 부인은 남편을 동일한 방식으로 대하고, 엄마와 갈등이 심했던 남편은 부인과도 같은 갈등을 유발한다. 이는 무의식 중에 일어나는 것으로 '전이transference'라 부른다.

다양한 인간관계에서 전이가 일어나면 내가 상대에게 무엇을 요구하고 있다는 사실과 요구하는 내용을 잘 모른다. 내가 아닌 상대가 이상한 사람이 된다. 그러다가 아이를 출산하면 부부의 관심은 아이에게 옮겨가 갈등은 줄어들고 아이들이 꼭짓점이 되어 삼각관계가 형성된다.

아이를 거울 삼기도 하여, 각자의 욕망을 살피고 조절하고 책임감을 키우면서 부부관계는 더 큰 가족관계로 발전한다. 갈등의 양상은 더 복잡해진다. 아이 때문에 살다가 복잡해진 관계와 상황에 직면하면 '무자식이 상팔자'라고도 한다. 이런 혼란은 예외 없는 통과 의례이다.

부부는 갈등으로 성장한다. 이론적으로 갈등이 없는 부부가 있다면 그들 부부는 더는 성장하지 않는다. 일생을 가족만 알고 살아왔다는 것은 자랑거리가 아니다. 더 넓은 세계를 경험하지 못했다는 것이다.

부부 갈등은 평생 지속되는데, 감당할 수 없는 갈등이 감당할 수 있는 갈등으로 바뀌면서 부부는 변하고 성장한다. 그때 부부 각자는 타인을 보다 너그럽게 대하는 여유를 가진다. 이런 성장을 겪지 못하고 대체로 가족주의에 묻힌 사람들이 말은 친절하나 이기적인 성향을 보인다.

# 남편이
# 어린이 같습니다

남편이 싫어졌습니다. 이제는 아주 미워졌습니다. 남들은 남편이 착하고 아내에게 잘한다고 하는데, 저는 남편이 싫습니다. 남편은 어린이 같습니다. 어려운 데가 없어요. 솔직히 말하면 만만해 보여요. 남편에게 당신은 내가 싫지 않냐고 물었어요. 남편은 제가 어른처럼 군다고 싫어하고 있었습니다. 그도 제가 밉다고 하더군요. 우리는 정말 서로를 미워하고 있는 걸까요? 백 세 인생이라는데 남은 50년은 어떻게 하라고요? 저는 남편이 싫습니다. 표면적 이유는 남편의 어린이 같은 성정이지만 더 깊게 들어가면 그냥 싫습니다. 어떻게 해야 할지요?

## 미움의 실체는 내면의 억압된 특성

남편이 정말 미웠다면 20년 결혼생활을 유지하지 못했을 겁니다. 아이 때문이라고요? 당신도 직업을 가지고 있는데, 오직 아이를 위해서 20년을 밉기만 한 사람과 함께 사는 일이 가능하겠습니까? 당신은 남편을 좋아하지 않을 수 있습니다. 그러나 아주 미워하지는 않습니다. 단지 미워한다고 생각하고 있을 뿐입니다.

도움은커녕 감정만 깎아 먹는 미움을 버리지 못하는 이유는 그것이 당신을 고통스럽게 하기 때문입니다. 부부관계는 고통을 즐기는 묘한 본능이 있습니다. 그래서 부부가 함께 평생을 살기도 합니다. 미운 것도 정이라 합니다. 그러나 미운 것만 보인다면 그것은 남편 때문이 아니라 당신 때문입니다. 어떤 나쁜 사람이라도 단점만 가지고 있지는 않습니다. 누구나 양면성을 가지고 있습니다. 아무리 폭군이라도 가까운 사람에게는 진실을 보여줍니다. 폭군에게도 충신은 있습니다. 당신은 남편이 가진 장점을 보지 않거나 못 보는 겁니다.

당신이 남편의 좋은 점을 보지 못하는 이유는 당신의 성장 환경에 있습니다. 당신의 아버지는 당신의 할아버지가 그랬던 것처럼 엄한 교육관을 가지고 있었습니다. 당신의 어머니는 적은 봉급으로 5남매를 키우느라 자식들에게 고른 정서적 지원을 못했고, 당신 바로 아래 동생인 외아들에게만 특별한 사랑을 베풀었습니다. 당신은 정서적 결핍을 성당에서 보상받았습니다. 출석하는 것만으로도 성당은 당신을 환대해줬습니다. 당신은 성당의 가르침을 잘 따랐기에 인정을 받았습니다. 당신은 심리적으로, 그리고 종교적으로 너무 일찍 어른이 됐습니다.

너무 일찍 어른이 된 사람의 내면에는 자라다가 만 어린이가 있습니다. 당신은 어린이다움을 억압하고 어른만을 키웠습니다. 사람은 가끔 어린이 상태로 퇴행도 해야 하고, 그것은 마음이란 기계에 윤활유를 공급하는 것과 같습니다. 당신이 타인에게 감정이입이 힘들고 공감 능력이 떨어지는 이유는 어린이다운 감성을 억눌렀기 때문입니다. 당신이 나쁘다 여기며 억압한 어린이다움은 곧 남편의 성격입니다. 그래서 당신은 남편을 반사적으로 미워하게 됐습니다. 정신분석학적으로 보면 남편이 미운 것이 아니라 밖으로 나오기 두려워하는 당신 안의 어린이다움을 미워하는 겁니다.

당신이 할 일은 남편을 교육하여 성장시키는 것이 아닙니다. 누구나 자기 배우자를 가르칠 수는 없습니다. 타인을 변화시키는 최선의 방법은 그를 대하는 내가 먼저 변화하는 겁니다. 당신 안에 있는 어린이다운 것의 실체를 인식해야 합니다. 그 어린이가 말하려는 것을 잘 경청하세요. '아, 나는 4형제와 부모의 그늘에 갇혀 어린이다움을 제대로 표현하지 못하고 살아왔구나. 나는 외로웠고 나 홀로 해결해야 할 일들이 많았구나.'

어리광 부리지 못한 어린이의 마음을 잘 다독거리고, 당신도 그렇게 해보세요. 큰일 나지 않습니다. 품격이 떨어지지도, 주위 사람이 실망하지도 않습니다. 오히려 당신의 변화된 모습에 즐거워할걸요. 당신은 어린이다운 행동이 필요합니다. 당신의 남편과 아이들도 좋아할 것입니다.

## 배우자를 통해 자신을 발견하기

그래도 남편의 어린이다움은 좀 심하다고 했습니다. 뭐가 문제인가요? 직업에 충실하고, 인간관계도 원만하고, 타인에 대한 배려심도 있고, 양가 어른들에게도 잘하지 않습니까? 말이 좀 많다고요. 진중하지 않다고요. 차라리 백마 탄 왕자를 기다리면 어떨까요. 그럼, 당신의 남편도 당신처럼 가정 안에서 진중하다면 어떻겠습니까. 가정이 아니라 수도원이겠지요. 가정의 중요한 기능은 퇴행을 받아주는 것입니다. 누구나 가정에서 행하는 것처럼 가정 밖에서도 행하지 않습니다. 남편의 어린이다움이 좀 심하다고 합시다. 당신의 무의식에는 더 심하게 억압된 어린이다움이 있습니다. 그것을 한번 풀어놔보세요. 복잡한 문제들이 단순해집니다.

반면 남편은 당신이 어른처럼 군다고 싫어합니다. 독자로 태어나 귀여움을 한몸에 받은 남편은 상대적으로 어른다움을 덜 성장시켰습니다. 어른다움을 그림자로 가지고 있는 거지요. 그러니 아내가 어른처럼 구는 것을 참아내기 힘들어 합니다. 이것은 남편 스스로 변해야 하는 부분입니다. 그럴 기회는 있습니다. 당신이 할 수 있는 최선은 당신 안의 어린이다움을 의식화하여 남편의 어린이다움과 대화하는 겁니다. 사실 부부관계는 일정한 부분 어린이다움으로 맺어집니다. 어린이성의 궁합이 잘 맞으면 잉꼬부부라고 하죠. 당신은 어른스러움의 부부관계를 맺으려 합니다. 어린 시절에 어른들부터 인정받은 관계 방식이 부부관계에도 그대로 전이되고 있는 겁니다. 욕구는 억압하고 의식적으로만 관계하려는 심리적 방어입니다.

지금 서로 미워하는 당신 부부는 성장의 갈림길에 서 있습니다. 원형의 의식화는 낯선 감정을 몰고 옵니다. 배우자를 통하여 자기를 발견해야 할 때입니다. 예전에는 미운 감정이 견딜 만했는데 지금은 견딜 수 없다면 그 감정에 직면하라는 겁니다. 견딤은 참는 것이고 직면은 인정하는 것입니다. 어떤 감정도 직면하면 다 내게 유익합니다. 당신은 어린이다움을 꺼내 써야 합니다. 유머를 이해 못하거나 사용하지 못하는 것은 어른이어서가 아닙니다. 삶을 즐기게 하는 어린이다움의 위대한 기능을 과소평가해서입니다. 어린 시절에는 그렇게 해야 어른들의 칭찬을 받았으니까요.

평소에 어린이다움을 꺼내 쓰지 못하면, 노인이 되어 정말 어린이 상태로 퇴행할 수도 있습니다. 그 극단이 심인성 치매입니다. 완전히 어린이가 되는 겁니다. 평생을 어른처럼 사느라, 생떼 한번 제대로 부려보지 못한 노인 안의 어린이가 치매라는 병으로 완벽한 어린이가 되는 겁니다. 격한 감정표현, 고집, 관심 받으려는 유아적 행동, 유치한 언행 등은 어린이다움입니다. 어린이성은 유머, 공감 능력, 단순성, 삶의 여유이기도 합니다.

**내 삶에 적용하는 Q&A**

Q. 남편의 어린아이 같은 모습이 싫습니다. 남편이 바뀌는 것 말고는 방법이 없을까요?

A. 타인을 변화시키는 최선의 방법은 내가 먼저 변하는 것입니다. 내가 미워하는 배우자의 특성이 내 안의 억압된 특성은 아닌지 살펴보세요. 그리고 그것을 표현하세요.

## 사랑의 명암

"처음엔 그녀가 별로였다. 나의 결점으로 그녀를 봤기 때문이다. 자꾸 보니 그녀는 아름다웠다. 나의 아름다움으로 그녀를 봤기 때문이다." 이처럼 내 것으로 타자를 보는 것을 '투사'라고 한다.

"그녀가 나를 무심히 쳐다보자 그녀가 내게 관심 없는 것 같았다. 그녀가 활짝 웃는 얼굴로 나를 쳐다보자 그녀가 나를 사랑하는 것 같았다." 이처럼 상대의 것을 내 것으로 취하는 것을 '내사'라고 한다.

내 것을 상대에게 던지고, 상대가 나에게 준 반응을 내 것으로 만드는 투사와 내사의 지속적 환류 작용으로 관계가 맺어진다. 가까이 갈수록 밝은 것과 어두운 것을 모두 주고받으며, 고운 정과 미운 정이 서로 얽힌다. 이것이 사랑이고 우정이고 사는 맛이다.

사랑의 환상에 빠지거나, 사랑이 증오로 바뀌는 것은 사랑에 반드시 따라붙는 미움을 인정하고 싶지 않아서다. 가까이 가서 봤더니 백설 공주는 공주병 환자였고, 말에서 내린 왕자는 상체만 컸고 다리는 짧았다. 본래 그랬다. 존재하는 모든 것에는 명암이 있다.

성숙한 관계는 싫은 것은 싫은 것대로, 좋은 것은 좋은 것대로 그대로 수용한다. 정 맞지 않으면 거리두기 하는 것도 좋은 방법이다. 이 세상에 나와 같은 사람은 자기, 딱 한 사람뿐이다.

# 남편과
# 감정 교류가 안 됩니다

남편은 결혼 초부터 주머니를 따로 찼습니다. 궁금해서 물어보면 지출만 말해주고 수입은 말해주지 않았습니다. 월급과 재테크로 벌어들이는 돈의 액수가 보통 이상은 됐는데, 저는 그 돈이 다 어디에서 무엇을 하고 있는지 모릅니다. 저에게는 늘 부족한 생활비만 줬고, 제가 취업을 하고 나서는 그마저도 절반으로 줄었습니다. 남편은 그것을 당연시했고 저 역시 남편의 성향이라 생각했습니다.

그러다가 코로나19 감염병으로 저와 남편의 재택근무가 늘어나고 남편과 함께하는 시간이 많아지자, 남편의 이상한 점이 발견됐습니다. 남편은 저에게 돈을 비밀로 하는 것처럼 감정도 비밀로 하는 사람이었습니다. 감정 교류가 안 됩니다. 인터넷을 뒤적거려 보니 남편은 편집성과 강박성 성격이 겹쳐 있습니다. 그동안의 남편에 대한 모든 의문이 한방에 풀렸습니다. 그 병은 잘 치료도 안되고, 함께 사는 사람은 고통이라 합니다. 남편과의 관계를 어떻게 해야 하는지요?

## 평화로운 가정의 기준을 수정하기

부부가 주머니를 따로 차는 것은 돈만 따로 차는 것이 아닙니다. 감정도 따로 찹니다. 남편은 허한 감정을 방어하는 수단으로 돈을 모읍니다. 물론 잘 쓰지는 못합니다. 방어막을 해체하는 일은 두렵고 수치스러운 일입니다. 편집성과 강박성 성격이 그렇습니다. 남편의 마음에는 만리장성이 견고하게 자리 잡고 있다는 당신의 말을 충분히 이해합니다. 그들은 자기 신념에는 충실하나 타인의 신념이나 감정은 잘 이해하지 못합니다.

화투에서 '똥'은 돈입니다. 대상관계 심리학에서 똥은 아기에게 제일 소중한 엄마를 상징합니다. 아동은 엄마와의 분리 불안 때문에 엄마인 똥을 배설하지 못하고 참습니다. 또는 그런 엄마를 공격하느라 똥을 지립니다. 전자는 돈에 인색하고 후자는 돈 낭비가 심합니다. 둘 다 분리 불안을 제대로 다루지 못해 그렇습니다. 정신분석학에서는 이를 '항문기 성격'이라 합니다. 그들은 인색하고 자기 신념을 고수합니다. 남편이 그렇게 보입니다.

나이 오십이 넘은 남편은 아직도 엄마와의 애착에 연연해합니다. 분리 불안 때문입니다. 분리 불안이 심한 남편은 아내가 아닌 엄마에게 애착합니다. 그럴 때마다 당신은 소외됐습니다. 남편은 가족에게 돈 쓰는 것조차도 지독히 인색합니다. 아이들이 그런 아빠를 증오할 정도로요. 그런데 남편은 그것을 이상히 여기지 않습니다. 자신에게는 엄마와 같은 돈을 다른 사람에게 심지어 아내와 자식에게도 내줄 수 없다는 무의식적 신념이 작동한 겁니다. 편집과 강박의 특징은 폐쇄성입니다. 그들은 인간관계가 중요하지 않은 직종에서는 능력을 발휘하지만, 인간관계를 바탕으로 하는 집단에서는 낯선 이방인이나 폭군처럼 행동합니다. 엔지니어인 남편은 성향에 잘 맞는 직업을 선택했습니다.

당신은 지난 20여 년 최선을 다해 남편의 아내가 되어줬습니다. 남편의 변화를 믿었습니다. 그 믿음은 희망이고 고문이었습니다. 이제 남편은 남편의 믿음에 맡기고, 당신 자신의 믿음을 챙겨야 할 때입니다. 남편이 변해야 가정이 편안하다는 신념을 버려야 합니다. 평화로운 가정의 기준을 대폭 수정하면 문제는 간단해집니다. 지금은 그래야 할 때입니다.

"그럼, 지금까지 나는 환자와 함께 살았단 말인가?" 환자 아닌 사람이 어디 있겠습니까. 몸의 질병이야 약물로 치료할 수 있습니다. 오랫동안 지속된 마음의 질병은 그만의 고유한 성격으로 간주해야 할 때가 있습니다. 20여 년 지속된 편집적이고 강박적인 남편의 특성을 바꿀 수 있다는 생각, 그런 기대의 결말은 실망입니다. 남편은 자기와 다른 의견을 침범으로 받아들입니다. 남편과 다른 의견을 제시할 때마다 당신의 심장은 조마조마했습니다. 남편은 침범당한다는 불안으로, 별것도 아닌 일에 더 강박적으로 대처했을 겁니다.

당신은 독불장군같이 자기 말만 옳다는 남편과 잘 지내려고 노력했습니다. 종교에 귀의해서 열심히 기도했습니다. 신도 저 성격을 어떻게 할 수 없다고 했습니다. 신도 어떻게 할 수 없는 것을 당신은 왜 어떻게 하려 합니까. 남편의 변화는 남편에게 맡기세요. 남편이 마음이 아파서 그렇구나, 인격의 문제가 아니구나 하고 생각하면 좀 편합니다. 뭐든 이해는 마음을 편하게 합니다. 남편을 고치려는 당신의 시도는 무효했습니다. "엄마는 아직도 아빠를 기대하고 있어요. 이젠 제발 내려놓으세요." 아들의 말을 기억하세요. 진심으로 이해하면 진심으로 내려놓을 수 있습니다.


## 있는 그대로의 모습을 이해하기

내력 있는 편집성과 강박성 성격의 뿌리는 어린 시절 분리 불안에 원인이 있습니다. 남편은 어린 시절부터 불안정한 부모의 불안을 끌어안고 생존해야 했습니다. 애착 형성도 못했는데 분리를 해야 하는 일들이 벌어졌습니다. 정서적 지원이 없이 너무 일찍 혼자

여야 했습니다. 그러니 믿지 못하고 경계하는 겁니다. 자기 신념을 고수하는 것을 자기를 지키는 것으로 인식합니다. 무의식에 축적된 이런 경험들이 편집성과 강박성의 원인입니다.

당신은 남편을 통으로 이해하는 연습을 해야 합니다. 남편에게서 당신이 좋아하는 것과 싫어하는 것을 분리하는 일을 중단해야 합니다. 매일 얼굴을 보는 사람을 통으로 이해하는 일은 정말 어렵습니다. 편집성과 강박성 성격을 가진 사람은 대개 어디서도 그 별난 성격을 있는 그대로 이해받기 힘듭니다. 그래서 그들을 세상을 더 의심하고 경계합니다. 그 이해를 당신이 하는 겁니다. 있는 그대로의 모습을 이해받은 남편은 경계를 풀고 저만의 신념을 내려놓을 수도 있습니다. 그러나 아내이지 심리치료사가 아닌 당신에게 그것은 그야말로 고문입니다. 당신이 그렇게 할 의무는 없습니다. 할 수 있는 데까지 하고 나머지는 남편에게 맡기는 것은 가능합니다.

자신의 감정을 드러내지 못하고, 미래가 불안해 항상 긴장하고 사는 남편의 삶은 얼마나 괴롭겠습니까. 강박에 편집이 있는 분들은 사람을 그렇게 대하니 친구도 거의 없어 외롭습니다. 외로움을 견딜 수 없어서 강박과 편집 방어는 더 심해집니다. 그들은 자신의 신념을 지키려고 심지어 가족에게까지 폐쇄적으로 대합니다.

가족 구성원이 공동으로 짐을 떠안습니다. 해결보다는 가족이 함께 지고 간다고 해야 편합니다. 그러려면 최대한 감정이 얽히는 것을 주의함으로써 감정적 대응을 자제해야 합니다. 남편과 거리두기를 하는 겁니다. 그래야 서로 생각할 기회를 얻습니다. 어떻게 부부가 그럴 수 있느냐고, 그 공간을 채우려 애를 쓴 결과가 무엇인가요? 당신의 상처는 더 커졌고 남편은 당신을 더 멀리 밀어냅니다. 거리두기는 모호한 상태를 견딤으로써 갈등이 스스로 처리되기를 기다리는 것으로, 어떤 의미에서는 가장 적극적 태도입니다.

## 섣부른 시도는 상황만 더 악화시킨다

아들은 아버지가 퇴근만 하면 제 방으로 들어가 거실로 나오지 않습니다. 오랫동안 지속된 아버지의 압력을 본능적으로 피하려는 겁니다. 부자가 함께 거실에 있으면 묘한 긴장감이 둘 사이에 돈다고 했습니다. 당신은 그런 아들을 측은히 여겼고 남편을 원망했습니다. 이게 부자지간이 맞느냐고 한탄하면서요. 원망은 절망을 낳고 절망은 우울을 낳습니다. 마치 수학 공식 같습니다.

현 상태를 인정하고 수용하면 원망도 절망도 반으로 줄지 않겠습니까. 어떻게 하면 되느냐고요? 어떻게 하려니 문제가 더 커집니다. 그냥 놔두는 겁니다. 그냥 놔두는 것이 가장 적극적인 사랑일 때도 있습니다. 아들이 아버지를 피해 제 방으로 들어가는 것을 그대로 놔두세요. 그런 부자지간도 있다는 것을 인정하세요. 최악의 상태를 피하는 행위도 위대한 사랑입니다. 엄마의 직무 유기가 아닙니다. 당신은 그런 아들의 태도를 나무랐고, 아들을 그렇게 만든 남편의 태도를 지적했습니다. 당신의 섣부른 시도가 가족의 분위기를 더 냉랭하게 만들었습니다. 있는 것을 있는 그대로 수용하면 많은 갈등은 가벼워집니다.

수용하면 감정적으로 몰입하지 않습니다. 남편의 유별난 성격과 부자지간의 갈등으로부터 한 발자국 뒤로 물러나는 일이 가능합니다. 이제 그들의 문제는 그들에게 맡길 때가 됐습니다. 거기에 쏟은 에너지를 자신에게 돌리세요. 남편과 아들이 알아차릴 정도로 변화된 모습을 보여주세요. 아내, 엄마가 무관심해진 것을 알면, 가족의 짐을 모두가 함께 지게 되고 변화가 시작됩니다.

당신은 거리두기를 실천함으로써 강박과 편집 특유의 긴 잔소리를 쏟아내는 남편에게 말려들어 말다툼하지 않게 됩니다. 한 귀로 듣고 한 귀로 흘리는 것이 가능해집니다. 어떤 때는 무관심이 관심입니다. 감정의 낭비를 하지 않으니 내면에 힘이 생깁니다. 그 힘으로 그동안 챙기지 못한 자신을 챙겨보세요.

베란다 화단을 가꾸는 일, 오랫동안 연락이 끊긴 친구와 다시 만나기, 공연장에 가는 일. 당신의 낯선 행각에 남편은 의심의 눈길을 보낼 겁니다. 남편은 아내가 더는 자신의 수중에 있는 존재가 아님을 조금은 인정하게 됩니다. 이 기간은 짧지 않습니다. 당신은 당신만의 삶의 공간을 만들게 됩니다. 당신과 남편 사이에 공간이 생깁니다. 그 공간은 부부의 완충지대입니다. 일생을 돈을 목적으로 살아온 사람이 삶의 목적을 쉽게 바꾸기를 기대하지 마세요. 사람은 나이 들수록 자신의 삶에만 관여해야 합니다. 부부관계도 그렇습니다.

한편 강박성 성격은 비교적 성실합니다. 도덕적 탈선을 할 확률도 낮습니다. 직장에서는 성실하고 완벽하게 일을 해내 인정도 받습니다. 반면 남편의 집요한 편집성은 당신의 숨통을 조일 겁니다. 그럴수록 '거리두기'의 힘을 믿으세요. 남편이 심리치료를 받으면 좋겠지만 편집성은 타인을 의심하지 자기를 의심하지는 않습니다. 그래서 치료를 거부합니다.

### 내 삶에 적용하는 Q&A

Q. 감정 교류가 전혀 안 되는 남편과 갈등 없이 잘 지내는 방법이 있을까요?

A. 남편의 성격을 있는 그대로 이해하고, 한 발짝 물러서서 상황을 바라보세요. 적당한 거리두기는 부부를 성장시킵니다

## 나는 의심한다, 고로 생존한다

의심은 마음의 병인가? 모든 생명체는 나 아닌 타자를 의심한다. 그것은 생존 본능이다. 다만 그 사회에서 규정하는 일반적 수치를 넘으면 '이상 심리'로 규정한다.

편집증Paranoid이라 일컫는 의처증, 의부증, 피해망상증은 정도의 차이를 두고 주변에서 흔하게 관찰된다. 당사자보다는 그들의 가족이 고통을 받는다. 중증의 편집증은 합법적 이혼 사유도 된다고 한다.

그들의 무의식 상태는 어떨까? 간단하게 말하면 '나는 좋은 사람이고 내가 속해 있는 세상은 나쁜 곳'이다. 나쁜 곳에 사는 좋은 나는 생존하려고 의심한다. 그들은 타자(세상)와 감정이입에 무능하고, 친구가 없고, 형식적이거나 의례적 관계는 유지한다. 고독한 그들의 가려진 욕구는 타자와 애정 관계를 맺으려는 것이다. 하지만 아동기에 거부당한 경험 때문에 관계 안으로 들어가지 못한다. 누구나 위기에 직면하면 일시적 편집증 상태에 들어간다. 그들은 세상을 경계하고 불안해하지만 시간이 흐르면 본래의 자아로 되돌아온다.

나는 편집성 내담자의 눈동자 안에서 인간이 가질 수 있는 가장 애절한 그리움을 본다. 편집 방어로 중무장한 그들의 내면에는 인간의 원초적 순수성과 그것을 이해받기를 원하는 소망이 있다. 그들은 살벌한 싸움터로 나와 전투할 준비가 아직 안 되어 세상(타자)을 의심한다. 그들은 아동이 걸음마를 배우듯이 세상의 좋은 것들을 차근히 배워야 한다.

세상의 용사가 되는 것은 생각보다 어려운 일이 아니다. 누구나 그런 잠재력이 있고 진정한 용사는 평화의 용사이다.

# 무늬만 부부인 채로
# 살았습니다

신혼 초부터 남편의 성욕이 좀 이상하다는 생각을 했어도 병이라고는 생각하지 못했습니다. 남편은 성관계에 거의 관심이 없습니다. 친구들 이야기를 들으면 신혼 초에는 부부관계를 거의 매일 하기도 한다는데, 남편은 그 반대입니다. 어쩌다 한번 부부관계를 해도 의무적으로 하는 것 같았습니다. 남편이 성에 무관심하다고만 여겼는데 시간이 지나자 버림받은 느낌이 들었습니다. 아이를 낳자 아이를 핑계로 이후 각방을 썼습니다.

아이가 해외로 유학을 떠나자 제가 오랫동안 우울증 상태로 살아왔다는 것을 비로소 깨달았습니다. 남편은 자연과학 분야 학자로 그 분야에 많은 실적이 있고 유능합니다. 부부가 초대받아 대외적인 활동을 할 때 우리는 꽤 괜찮은 부부입니다. 그러나 집으로 돌아가는 승용차 안에서부터 저는 우울한 기운과 맞서야 했고, 집으로 돌아오면 각방으로 싸늘한 마음을 챙겨서 들어갑니다. 전문가의 상담을 받아보니 남편은 섹스리스였습니다. 그것도 모르고 의문 속에 살았던 겁니다. 이제부터 어떻게 살아야 하는지요?

## 배우자의 병까지 끌어안을 필요는 없다

지금까지 섹스리스 남편과 살아왔으면서, 그것이 병이 아니라 단지 성향의 문제라고 여겨온 당신에게 위로의 말씀을 드리고 싶습니다. 남편과 오랜 세월 함께 살았으나 함께 살아온 것이 아닙니다. 무늬만 부부였습니다. 성관계 없는 부부는 정서적으로도 멀어집니다.

남편이 미국 명문대에서 박사 학위를 받았다는 것, 그 하나로 당신은 무관심인 줄로만 알았던 남편의 병을 인내해왔습니다. 딸이 유학을 떠나 당신의 유일한 애착 대상이 없어지자 당신의 억압된 감정들이 풀려나오기 시작한 겁니다. 미국으로 유학을 떠나기 하루 전에 딸이 한 말을 기억해보세요. "엄마, 이혼하세요. 더 나이 들기 전에 엄마의 삶을 살아가세요." 딸은 알았던 겁니다.

남편은 인격적으로 문제 있는 것이 아니라 고치기 힘든 병에 걸린 겁니다. 남편이 부부관계 하나는 못하고 그 밖의 것들은 다 잘하니 문제가 없는 것이 아닙니다. 부부관계를 유지하는 매우 중요한 기능에 문제가 있는 겁니다. 남편이 자신의 전공 분야 외에는 무관심한 것으로 보아 분열성 성격의 범주에 들어가는 것으로 보입니다. 그들은 지적인 것을 이상화하고 몸으로 하는 것은 경시하거나 무시합니다. 정서적인 것을 이성적 사유로 대체하니 친한 인간관계가 없습니다. 남편은 전공 분야에 실적이 많습니다. 가족을 포함하여 사람에게 사용해야 할 정신 에너지를 모두 그 분야에 투자하기 때문입니다.

그들과 함께 사는 가족, 특히 배우자는 너무 외롭습니다. 있으나 없는 사람입니다. 금융 분야에서 꽤 성공한 남편을 둔 아내의 하소연을 들은 적이 있습니다. 만족스러운 부부 성관계를 기대할 수 없으니, 그녀는 종교에 몰두함으로써 위로를 받으며 살아왔습니다. 그분은 심리상담을 통하여 남편이 섹스리스라는 것을 알았습니다. 남편의 변화를 기대하지 않고 변화를 위한 헌신도 포기하기로 결심했습니다. 그이는 혼자서도 잘 사니, 나는 나를 소외시키지 않는 삶을 살겠다고 했습니다. 결심한 순간 얼마나 마음이 편하고 자유로운지 자신을 짓누르던 무거운 짐으로부터 벗어났다고 했습니다.

당신도 지난 세월 부부관계의 화합을 위하여 애를 쓰셨습니다. 그것으로 충분히 당신의 역할을 다했습니다. 딸의 말대로 이혼하고 새 출발을 할 수도 있습니다. 당신은 아직도 매력적이고 능력도 있고, 사랑을 할 열정도 있습니다. 지금까지는 그 열정을 남편에게 맞추며 소진했습니다.

결혼 관계를 유지할 수도 있습니다. 하지만 명심하세요. 더는 남편에게 헌신도 집착도 하지 마세요. 남편은 남편의 일에서 성공하면 되고, 당신은 당신의 일을 잘하면 됩니다. 반응이 없는 것은 물론, 자기 생각을 아내에게 밀어 넣으려는 남편에 대한 집착은 당신의 우울증을 가속화합니다. 남편에 대한 헌신은 충분히 했습니다. 이제는 당신 자신에게 헌신해야 할 시간입니다. 남편은 남편에게 맡기는 겁니다. 타인을 위하여 자기 삶을 포기하는 것은 희생이 아니라 인생 직무 유기입니다.

## 욕망을 분출할 나만의 통로 찾기

당신의 태도가 바뀌면 남편은 당황할 겁니다. 분열성 성격은 익숙한 루틴이 아니면 불안해합니다. 무언가를 상실한 것 같기 때문이죠. 그들의 무의식에는 감당하기 힘든 분리 불안이 있거든요. 남편의 그런 불안이 당신을 헌신하게 만들었습니다. 당신이 '남편은 남편이고 나는 나다' 하는 태도를 보이면 남편은 당신에게 이전 방식을 요구하고 압력을 행사할 수도 있습니다. 지금까지 살아온 대로 계속 살기를 원하시나요? 여자의 인생이 다 그러려니 하며 제 삶은 제쳐둔 채 가족을 위해서만 사는 것은 포기입니다.

지금 당신에게 필요한 것은 남편의 은근한 압력을 견뎌낼 내공을 키우는 일입니다. 조현병 환자(정신분열증 환자)는 간혹 폭력을 사용합니다. 하지만 남편의 분열성 성격은 어린이 같은 순수성이 있습니다. 그들은 잘 삐쳐도 배우자에게 독하게는 못합니다. 당신이 마음만 먹으면 남편의 예속으로부터 빠져나오기가 어렵지만은 않을 겁니다. 사실 분열성 성격의 깊은 무의식에는 타인과의 의존관계를 원하는 마음이 있습니다. 그러나 아동기에 거절당한 경험으로 인한 불안 때문에 관계 자체를 피하는 겁니다. 그들의 내면에는 외로운 아이가 울고 있습니다. 당신은 남편에게서 이 아이를 봤기 때문에 참으며 살아왔습니다.

남편에 대한 기대 대신 스스로 채울 것을 만들어야 합니다. 그동안은 딸에 대한 사랑으로 채웠지만 딸은 해외로 떠났습니다. 당신의 무의식적 욕망은 곧 분출합니다. 무엇을 해야 할까요? 무엇을 하지 않는다면 우울증과 싸워야 합니다. 당신의 전공분야를 살려 제2의 직업을 가진다면 그보다 더 좋은 것은 없습니다. 인내할 각오만 있다면 말입니다. 안으로만 사용하던 에너지를 밖으로 사용하면 삶에 의욕이 생깁니다. 없던 에너지가 다 생깁니다. 당신의 기분을 상승시켜주는 무언가를 찾아야 합니다.

자기에게 최선이 타자에게도 최선입니다. 일생을 자식 불쏘시개 장작으로 내어준 엄마, 자식은 그런 엄마를 좋아하지 않고 그런 엄마는 당당하지 못합니다. 남편은 자기 삶을 살려는 당신의 변화를 보고 불평이야 하겠지만, 그렇게 해야 스스로 돌아보고 반성할 가능성이 더 높아집니다. 남자는 자신을 위해 헌신하는 여성을 좋아하지만 무의식에서는 그런 여성에게서 매력을 찾지 못합니다.

결혼 5년 차인데도 혼자 포르노를 즐겨 보고 부부관계에는 무심한 남편을 참다못해 큰 결심을 한 부인이 있었습니다. 더는 당신과 살 수 없다며 이혼서류에 도장을 찍으라고 했습니다. 남편은 아내가 그럴 줄은 상상도 못했습니다. 남편은 정신이 바짝 들어 포르노 보는 것을 멈췄습니다. 아동기의 분리 불안이 재작동해 아내가 떠나지 못하게 아내가 원하는 것을 했습니다. 남편은 심리치료와 성치료를 받았습니다. 충격요법이 필요할 때도 있습니다. 그러나 이미 한 분야에서 성공하여 인정받는 남자에게 충격요법은 잘 먹히지 않습니다. 당신의 변화는 당신 자신을 위한 것이어야 합니다.

이혼은 선택입니다. 이혼은 자신을 위한 것이어야 합니다. 이혼 후 견뎌내야 할 것은 외로움입니다. 남편과 함께 살면서 마음속에 상징적 대체 남편을 만들어나가는 작업을 할 수도 있습니다. 그러면 당신은 수행자가 됩니다. 수행자는 고독을 깨달음으로 승화시킵니다. 고독과 싸워 이긴 사람에게 더 이상의 결핍은 없습니다. 그냥 소소한 즐거움을 찾아다녀도 되지만 그것은 당신의 성향이 아닌 것 같습니다. 남편이 섹스리스인 경우 아내는 마침내 외출이 잦아질 수도 있습니다. 그녀는 마음속에 언제 터질지 모를 마그마를 하나 품고 삽니다.

우선 억압된 당신의 감정을 푸는 작업을 하셔야 합니다. 안 하던 재미있는 활동을 하면 억압은 풀어집니다. 좋아하는 운동으로도 상당 부분 해결됩니다. 신체의 움직임으로도 내면의 질서는 회복됩니다. 내면에 집중해보세요. 중년 이후에 삶의 갱신을 이끄는 내면의 소리는 그가 갈망하는 만큼 들립니다. 당신은 해야 할 것을 찾을 겁니다. 자신의 길을 찾은 여성은 남편에게 더 관대해집니다. 어느 순간에는 무의식 깊은 곳에서 올라오는 원형의 메시지를 들을 겁니다. 그것은 강한 확신이며 감동입니다. 그때는 남편보다 더 좋은 것을 얻을 겁니다. 부부관계가 힘들수록 수행으로 얻을 내적 보화는 더 많습니다. 이는 경험한 사람만 압니다.

### 내 삶에 적용하는 Q&A

**Q.** 섹스리스 남편과 살아오며 우울증이 생겼습니다. 이혼만이 답일까요?

**A.** 남편의 변화를 기대하거나 일방적으로 헌신하는 건 나를 위한 삶이 아닙니다. 이혼을 선택할 수도 있고, 함께 살며 마음속에 상징적 대체 남편을 만들어나갈 수도 있습니다.

## 부부는 서로 내적 대상을 변화시킨다

부부는 일상의 이야기를 나누며 의식적 수준에서 소통할 수 있고, 그것은 정서를 순화시킴으로써 관계를 유지하게 한다. 배우자에게 한 발자국 더 다가가려는 노력은 서로가 가진 무의식의 어떤 요소 혹은 결핍을 드러내게 되고, 그것은 종종 갈등을 유발한다. '당신 때문에'로 귀결되는 갈등의 원인은 잘 탐색해보면 '나 때문에'이기도 하다.

의식적 평화보다는 무의식에서 유발하는 갈등을 방어 없이 직면하면 부부는 함께 더 성장할 수 있다. 일생을 함께 사는 부부의 긴 여행은 반복되는 상호 관계 방식을 이해하게 하고 마침내 나오는 다른 배우자를 수용한다. 그럼으로써 세상과 사람을 대하는 밑그림인 내적 대상이 변한다. 나만의 고유한 인간관계 방식이 생긴다. 그것은 넉넉함과 관용이다.

부부의 성적 관계는 정서적 친밀함과 직결되는 것으로, 유아기에 엄마와의 정신적·신체적 동반관계를 유지함으로써 얻은 만족감과 즐거움을 다시 만들어낸다. 성적인 교류가 단절된 부부는 무늬만 부부가 된다. 웬만한 부부 갈등은 성관계로 치유된다. 부부관계의 중요하고도 고유한 특성은 '편안한 성관계'이고, 이것이 잘 유지되어야 부부의 삶이 더욱 풍요로워진다.

# 17세 연상의 남편과
# 살고 있습니다

남편과 나이 차이가 무려 열일곱 살입니다. 남편이 제게 잘해주고 부모에게는 부리지 못한 응석을 다 받아줘서 이 사람하고 결혼하면 평생 행복할 수 있을 거라 생각했습니다. 남들은 신혼 초에 성격 차이로 몇 년은 적응 기간으로 다툰다는데 저는 그런 것이 없었습니다. 남편이 다 알아서 해주었기 때문입니다. 그렇게 한 10여 년을 살았습니다. 그러다가 아이들 자모 모임에 나가 다른 엄마들 이야기를 들어보니, 남편은 다 알아서 해준 것이 아니라 자기 방식대로 나를 통제하고 있었던 겁니다.

그동안 편한 것 같았으나 자유는 없었고, 외적 생활에서 불만은 없었으나 어딘지 모르게 나로서 사는 것 같지 않았습니다. 일을 가지게 되면서 남편은 의처증 환자처럼 수시로 제가 무엇을 하는지 전화나 메시지로 묻습니다. 처음엔 관심으로 생각했는데 그게 아니었습니다. 저도 종종 남편을 향하여 화를 내고 반발행동을 합니다. 솔직히 말하면 이제는 나이 많은 남편이 싫습니다. 별거라도 하고 싶습니다. 그러다가 죄책감이 듭니다. 남편이 점점 미워지는데 어떻게 제 마음을 추스를 수 있는지요?

## 홀로 또 함께 나아가기

"우리 결혼은 잘못된 선택이었습니다." 누군가 똑같이 말할 수도 있습니다. 글쎄요? 사람은 중요한 일일수록 본능적으로 원형의 도움을 받아 신중한 결단을 내리고 행동에 옮깁니다. 다만 지금의 결과가 마음에 들지 않으면 나의 신중한 결단은 경솔한 행동이 되고 맙니다. '지금'도 과정의 일부인데 말입니다.

잘못된 결혼은 없습니다. 심지어 신랑 얼굴 한 번 못 보고 어른들이 맺어준 대로 했던 옛날 혼인도, 그 시대의 보편적 관습이었다면 잘못됐다고 할 수 없습니다. 직접 배우자를 찾고 인연을 맺는 과정을 관습적으로 부모가 대신한 셈입니다. 잘못된 결혼은 없듯이 잘못된 이혼도 없습니다. 이혼은 하루아침에 내린 결정이 아니라 오랜 결혼생활의 결과로 나타납니다.

이혼을 미화하는 것은 아닙니다. 결혼도 자신의 결정이었듯이 이혼도 그래야 합니다. 우리는 잘한 것과 잘못한 것을 구별하는 일에 매우 익숙해져 있습니다. 그것이 모든 불행의 원인인데도 말입니다. 새옹지마塞翁之馬는 한자 성어에 불과한 것이 아니라 실재입니다. '내 결혼은 잘못됐어. 그러니 나는 잘된 결혼으로 바꾸어야 해. 행복한 척, 후회하지 않는 척해야 하거든.' 그래서 당신은 남편이 다 해주는 대로 살아왔습니다.

저는 부부관계의 위기를 세심히 살펴봤습니다. 그들은 부부 인생의 난코스를 손잡고 함께 넘어야 한다는 강박증이 있습니다. 함께하지 못하니 차라리 갈라서자며 이혼합니다. 등산길에 마주하는 난코스는 함께 손잡고 가면 한 명이 떨어질 수 있어 위험합니다. 난코스일수록 혼자 가고 그 끝에서 다시 만나야 합니다. 북한산 인수봉에 자일 타는 사람을 연상해보세요. 둘이 붙어 오르려다 자일이 꼬여 사고가 납니다. 바람이 불거나 비가 올수록 혼자 올라가야 하고 꼭대기에 이르러서야 만날 수 있습니다. 부부 인생의 난코스도 그렇습니다. 부부는 지금 위기이다 싶을 때가 혼자 가야 할 때입니다. 혼자 가면 생각거리가 많아지고 자신을 돌아봅니다. 사람은 혼자 있을 때 철이 듭니다.

그동안 나이 차이에도 불구하고 잘 살아왔는데, 최근 들어 너무 힘들고 그 이유가 17세 나이 차 탓이라면 이거야말로 난코스입니다. 생물학적 나이는 바꿀 수 없습니다. 내면의 나이로 서로가 타협하기 전까지 고뇌는 불가피합니다. 엄연히 생물학적 나이 차이가 존재하는데 남편은 아내가 자신에게 맞춰야 한다 하고, 아내는 남편이 자신에게 맞춰야 한다고만 하면 이혼할 이유만 생깁니다.

당신은 중년이고 남편은 노년으로 들어섰습니다. 중년은 제2의 인생을 꿈꾸는 나이이고 노년은 자기에게 돌아가는 나이입니다. 각자 홀로 풀어야 할 인생의 짐이 있고, 수행할 인생의 과제가 있습니다. 나이 차이가 적당한 부부도 중년에는 혼자 길을 가야 할 때가 있습니다. 당신 부부는 수직적 일심동체의 강박에서 벗어나 수평적 이심이체를 경험해야 할 때입니다.

그러나 나이 많은 남편은 불안합니다. 아내가 나를 떠나는 것은 아닌지, 성적 기능도 떨어져 위축됐는데 아내가 혹시 바람이라도 피우는 것은 아닌지 노심초사합니다. 중년은 인간관계가 한시적으로 확대되는 시기이고, 노년은 혼자가 되는 법을 연습해야 할 때입니다. 그래서 외로운 남편에게 의처증 증상이 생긴 겁니다.

당신이 이전처럼 남편에게 맞추면, 남편은 편하겠지만 당신은 화병에 걸립니다. 남편도 당신에게 맞추는 법을 배우게 해야 합니다. 그래야 각자 혼자 가는 기술을 익힙니다. 혼자 간다고 남남이 되지 않습니다. 이전의 밀착 관계에서 절반 정도는 빠져나오는 겁니다. 항상 남편과 함께 가던 곳을 혼자 가고, 항상 남편에게 물어보던 것을 스스로 해결하고, 순종했던 남편의 말에 맞서며 내 의견을 고집하고, 필요하면 각방을 쓰면서 혼자 가는 연습을 하세요. 이는 남편이 당신을 아내로 존중할 기회를 만들어주는 겁니다.

"요즘 우리 관계가 너무 안 좋다." 안 좋은 것을 억지로 좋게 하려니 가던 길을 멈추고 서로 싸우고 있는 겁니다. 안 좋은 것이 꼭 나쁜 것만은 아닙니다. 부부관계도 좋을 때와 안 좋을 때를 넘나들며 파도타기를 합니다. 안 좋은 것은 혼자 가라는 신호입니다. 혼자 가면 서로 마음 정리를 할 수 있습니다. 그렇게 안 좋은 것은 좋은 것의 일부가 됩니다. 자기에게 에너지를 집중함으로써 오는 부부 사이의 괴리감이 인생은 혼자임을 일깨워주고 자기를 성장시킵니다. 부부는 함께 걷다가도 앞서거니 뒤서거니 하면서 혼자 걷기도 하는 관계입니다. 인생 후반으로 갈수록 더욱 그렇습니다.

공자의 아내는 공자의 까다로운 성격에 질려 도망쳤다는 설이 있습니다. 소크라테스의 아내는 성질이 지독한 사람으로 유명합니다. 하긴 소크라테스와 함께 사는 것이 여자로서 여간 힘든 일이 아니었을 겁니다. 싯다르타는 처자를 궁에 놔두고 아예 집을 나왔습니다. 예수는 결혼하지 않고 집을 나왔습니다. 이런 사실이 주는 교훈이 있습니다. 내적 성장을 위해서 반드시 혼자 가야 하는 시기가 있다는 겁니다. 그래서 부부는 무촌無寸입니다. 우리나라에서 중년 이후에 겪는 황혼이혼이 증가하는 이유는 배우자의 개별성을 존중하지 않아서입니다. 많은 부부가 각자 개별적인 존재임을 인정하지 않고 서로를 속박하고 있습니다. 무촌이니까요, 가깝고도 먼 관계.

부부는 현 상태의 좋고 나쁨을 따질 것이 아니라, 현 상태에 대한 정직한 진단을 내려야 합니다. 위기라고 생각할 때에 주관적 감정을 배제해보세요. "아, 우리는 지금 이런 상태에 있구나." 상태를 진단하면 함께할 수 있는 것과 함께할 수 없는 것의 진단이 뚜렷해지고, 관계에 큰 도움이 됩니다. 함께할 수 있는 것은 함께하고, 함께할 수 없는 것은 혼자 하면 됩니다. 함께할 수 없는 것을 함께하려니 다툽니다. 나이 차이 많이 나는 부부는 함께할 수 없는 것이 상대적으로 더 많다는 현실을 서로 받아들여야 합니다. 당신과 남편은 그동안 서로 과보상을 하며 살았습니다. 탈보상의 관계를 지향하면 혼자 갈 길이 있습니다.

저는 고집스러운 노인 남편을 따뜻하고 친절하게 대하면서 부부의 평화를 유지하는 중년 여성을 봤습니다. 그녀는 남편과 함께할 수 없는 독자적인 삶도 유지하고 있었습니다. 남편이 그녀의 삶을 인정하기까지 많은 갈등과 시련이 있었습니다. 서로 신뢰 관계가 형성되자 남편도 '함께 그리고 홀로'의 관계를 더 편안해한다고 했습니다. 젊은 아내를 뒤따라가는 것은 나이 든 남편도 매우 힘든 일입니다. 그들 부부는 함께할 수 없는 것들에 대한 아쉬움이 있었으나 그 아쉬움을 대체할 각자의 것을 찾았습니다.

인생 산봉우리도 넘기 직전에는 매우 가파릅니다. 당신은 남편과의 나이 차이를 이제야 가파른 언덕으로 보기 시작했습니다. 이제야 자기를 찾기 시작한 겁니다. 우리는 인생에서 만나는 산봉우리를 충분히 넘을 수 있습니다. 그런 믿음이 필요합니다. 믿음은 지금은 모르지만, 언젠가는 알게 될 것이라 여기며 모험하고 버티는 능력입니다. 알면 더는 믿음이 필요 없습니다. 갑자기 높아진 17년 나이 차이라는 봉우리, 그 끝이 희미한 구름에 가려 잘 안 보입니다. 그때는 내가 나를 보상하며 믿음으로 가야 합니다. 17년 나이 차이가 내 인생에 무엇을 말해주는지는 경험이 알게 해줍니다. 당신은 더 높은 산봉우리에 가닿을 것입니다.

여전히 고집스러운 17세 연상의 남편은 아직도 당신을 마음대로 하려 합니다. 삶의 중요한 변곡점에서는 대화도 문제 해결에 도움이 안 됩니다. 그때 배우자를 바꾸려는 시도는 사과나무에서 배를 따려는 것과 같습니다. 단단히 무장하고 혼자 갈 채비를 차려야 합니다. 갈라서는 것도 아니고 막 사는 것도 아닙니다. 남편과 수평적 동반관계를 만드는 시도입니다. 홀로여서 외롭고 낯선 길이라 두렵습니다. 길가의 나무가 유령으로 보이기도 합니다. 주변 사람들이 당신에게 손가락질하는 것처럼 보입니다. 하지만 혼자 갈 때 타인의 이목은 중요하지 않습니다. 내가 나를 어떻게 보느냐만 중요합니다. 원형은 힘들게 내린 결단일수록 돕는 환경을 만들어갑니다.

당신은 그러다가 서로 미워서 이혼하면 어쩌나 내심 불안합니다. 미워서가 아니라 상대와 나의 행복을 위한 최고의 선택으로 이혼할 수는 있습니다. 당신이 혼자 살든 다른 사람을 만나 새 출발을 하든 삶은 거기서부터 또 시작합니다. 당신 부부가 정말 이혼해야 할 대상은 지난 세월 보상을 앞에 두고 흥정한 익숙한 내적 대상입니다. 인생을 너무 복잡하게 생각하지 마세요. 그동안 남편 뜻대로 했으니 이제는 당신 뜻대로 하는 것이 무엇이 문제입니까.

## 내 삶에 적용하는 Q&A

**Q.** 나이 차이가 많이 나는 남편과의 결혼이 후회됩니다. 어떤 결정을 해야 할까요?

**A.** 부부는 따로 또 같이 나아가는 관계입니다. 위기일 때는 잠시 갈라져 서로의 관계를 정확히 진단하는 시간이 필요합니다. 충분히 생각한 뒤 나를 위한 결단을 내리세요.

## 투사적 동일시를 인식하고 내려놓기

정신분석적 대상관계 부부치료 10회기를 마쳤다. 어디서나 한마디를 좋아하는 분은 항상 있다. "그래서 한마디로 부부관계는 어떻게?" 굳이 한마디로 말하자면 이렇다. "투사적 동일시를 되도록 쓰지 말자." 투사적 동일시는 나의 생각, 느낌, 요구 등을 상대에게 밀어 넣고, 상대가 나와 똑같이 느끼거나 생각하도록 은근히 또는 강력히 조정하는 것을 말한다. 그에게 의논이나 협상은 없다. 권력자가 아랫 사람을 다스리는 방법이기도 하다.

상대의 투사적 동일시를 내 것으로 취하는 것을 '내사적 동일시'라 한다. 내사 적 동일시는 상대의 생각, 느낌, 요구 등을 내 것으로 만드는 것을 일컫는다. 요 즘은 '가스라이팅gaslighting(심리 지배)' 당했다고 한다. 부부관계에서 이 두 가지 방 어기제는 무의식 중에 작동한다. 적당히 하면 사이가 좋고 심하게 하면 괴롭다.

부부생활은 검은 머리가 파뿌리가 되기까지 각자의 투사적 동일시를 인식하고 내려놓는 기나긴 자기 수양 과정이다. 나의 관찰기록에 의하면, 머리가 반백이 되는 나이인 육십이 되면 부부 갈등은 대폭 줄어들고 상대를 있는 그대로 이해하고 수용하게 된다. 성숙한 '홀로 그리고 함께'가 가능해진다. 투사적 동일시를 쓰지 않는 것이다.

그리고 남는 정신 에너지는 자기 안에 있는 보다 더 큰 존재로 향한다. 각자가 위대한 존재가 되는 것이다. 이것은 죽을 때까지 계속되는 득도 과정과 같은 것이다. 한편 긍정적인 것을 투사적 동일시로 사용할 수도 있으나 이것도 과하면 가스라이팅이 된다.

내 인생을
되찾는
전환기의 지표들

# 첫사랑이
# 그리워집니다

아이가 대학에 들어가자마자 첫사랑이 자꾸 떠오르고 꿈에도 나타납니다. 꿈에서는 잠깐 스킨십도 합니다. 그 밖에 다른 남성도 등장합니다. 사춘기에 가졌던 이성에 대한 호기심과 낯선 경험을 동경하기도 합니다. 가슴이 벅차오르는 순간 보통은 꿈에서 깨어납니다. 비록 꿈이지만 내가 이래도 되는지 죄책감이 듭니다. 남편은 임원으로 진급해서 더 바빠졌고, 아이는 대학에 들어갔으니 더는 할 일이 없어져 마음에 일어나는 충동 정도인가요. 그것은 새로운 이성에 대한 호기심이었으나 꼭 그런 것만은 아닌 것 같습니다. 내 안에 나도 모르는 무엇인가가 나를 유혹합니다. 무엇인지요?

## 낯선 감정은 내적 변화의 촉진제

소위 사춘기<sup>思秋期</sup>를 앓고 있습니다. 사춘기에는 성호르몬의 분비와 함께 이성에 대한 관심이 높아집니다. 사추기에는 갱년기와 같이 성호르몬에 변화가 오면서 마음의 성호르몬이라 할 만한 것이 분비됩니다. 그것은 첫사랑을 그리워하는 것, 낯선 이성에 대한 동경, 일탈의 유혹 등으로 나타납니다. 사람의 마음도 크게 변해야 할 때는 가을의 총천연색이 됩니다. 낯선 감정들이 한꺼번에 몰려옵니다.

자동차의 수명을 10년으로 보면, 5년 이후에는 여기저기 부품을 교환해야 나머지 5년을 잘 탈 수 있습니다. 사람도 중년 이후에는 내면의 부품들을 새롭게 재구성해야 합니다. 마음을 갱신하는 내적 작업이 필요합니다. 성 에너지는 강합니다. 원형은 성으로 상징화되어 중년기 마음의 갱신을 촉진합니다. 성 자체 혹은 성적 상징을 가진 꿈을 자주 꿉니다. 상징은 풀어야 에너지가 됩니다.

낯선 이성에 대한 관심은 신체적 욕망까지 포함하여 매우 강렬한 감정의 파문을 일으킵니다. 그것은 사춘기에 호기심으로 경험한 이성 교제나 성적 상상과는 다릅니다. 몽환적이면서도 현실성이 있고 현실성이 있는 것 같으면서도 몽환적입니다. 낯선 이성이 등장하는 꿈. 꿈은 감정을 경험한다는 점에서 현실성이 있고, 깨어나면 단절된다는 점에서 몽환입니다. 중년 이후에도 남편에게만 집착하면 당신 삶은 남편 울타리에 고착되고 남편도 피곤하고 지칩니다. 당신 안에 있는 내적 인격인 남성성을 만나야 남성 그 이상을 봅니다. 대체로 합리적이고 이성적으로 변하고 이해심도 늘어납니다. 여성 안에 있는 남성성은 영혼의 안내자로 불릴 정도로 매우 중요한 원형입니다.

이 시기에 실제 다른 남성에게 관심을 가지기도 합니다. 특히 내적 삶의 안내자가 되어줄 남성을 찾습니다. 언변이 뛰어난 연사 주변에는 중년 여성이 몰립니다. 내적 인격을 만나 삶을 갱신하고 싶은 여성들의 욕구가 집단으로 표현된 겁니다. 반대로 외모가 뛰어나거나 사회적으로 성공한 사람에 대한 그리움으로 나타날 수도 있습니다.

꿈속에서 첫사랑을 자꾸 만난다고요? 내적 삶을 갱신하는 것은 첫사랑을 만나 다시 연애하는 것처럼 황홀한 일임을 알려주는 것입니다. 어떤 사람은 실제 이성을 만나지만, 욕망 충족이 목적이면 대체로 실망으로 끝납니다. 또 어떤 경우에는 의미 있는 교제를 통해 서로가 서로에게 유익을 줍니다. 여성 안에 있는 내적 남성과 외적 남성이 일치하거나 상이하면서 갈등과 긴장이 흐릅니다.

어떤 중년 여성의 경우 아들 또래의 아이돌 가수가 자신에게 성적 자극을 일으키는 꿈을 꿨습니다. 꿈속에서도 초자아는 작용해 '내가 왜 이러지' 하고 멈칫했습니다. 두려워하지 마세요. 꿈속에서는 마음이 가는 대로 놔둘 수도 있지 않습니까. 내적 인격은 그녀에

게 가장 잘 어울리고 황홀하게 하는 방식으로 꿈에 나타납니다. 그
녀에게 아이돌 가수로 대변되는 열정과 힘이 있다는 겁니다.

연애가 결혼으로 이어지려면 쓴맛과 단맛을 모두 맛봐야 합니다.
내적 존재와의 연애도 그와 같습니다. 꿈속에서는 첫사랑이 아니라
내가 싫어하는 남성이 등장하기도 합니다. 싫어서 멀리한 남성상도
인격의 일부로 수용해야 합니다. 내적 여행만으로는 이러한 작업을
완수하지 못합니다. 원형은 외적 사건도 조작하여 예상치 못한 환
경에 당신을 놓이게 합니다. 오직 내적 세계관을 바꾸어야만 문제
를 극복할 수 있는 상황 말입니다.

사랑하는 사람이 세상을 떠날 수 있고, 경제적으로 큰 손실을 볼
수도 있고, 믿었던 사람에게 배반을 당할 수 있습니다. 이런 일들은
인생 다반사에서 피할 수 없는 현실입니다. 그것들은 내면을 매우
혼란스럽게 합니다. 그 여파는 길게는 여러 해 동안 이어집니다. 사
람들은 거기서 벗어나려고 노력하지만, 벗어날 수 없음을 알게 됩
니다. 그렇게 자아는 한계 상황에 직면합니다. 이것은 내적 세계관
을 변화시키려는 원형의 일입니다.

남성상은 여성에게는 열등 기능으로 있는 논리, 합리, 의견, 추진
력, 모험과 같은 것들입니다. 중년 여성은 남성상을 의식화해야 감
정의 굴곡을 이겨내고 제2의 인생을 살 수 있는 용기와 추진력도 갖
춥니다. 그것을 분석심리학에서는 여성 안에 있는 남성 '아니무스
Animus'라고 합니다. 사실 그 용어로는 개념 설명이 충분하지 않습니

다. 내적 인격 혹은 영혼의 안내자가 더 적절한 용어입니다. 영혼의 안내자는 자아를 무의식 심층으로 안내해 거기서 원형의 힘을 끌어 올려 의식의 지평을 넓혀줍니다. 새로운 시야를 갖추게 합니다.


## 내적 인격과 조우해야 할 때

당신은 이렇다 할 연애는 못 하고 지금의 남편이 믿을 만해 숙명적으로 결혼했다고 했습니다. 지금의 젊은 세대는 다르겠지만 중년인 분들은 대체로 그렇게 말하더군요. 지금 와서 생각하니 대충 한 것 같지만 중요한 일일수록 강한 내적 힘의 끌림이 있습니다. 만난 지 3개월 만에 하는 결혼도 이끌림이 있어 가능합니다.

아무튼 그래서 좋은 사람을 만나면 제2의 연애를 하고 싶은 욕구가 여성의 무의식 안에 생깁니다. 그것은 여성을 짜릿하고 황홀하게 만듭니다. 낯선 남성과의 신체적 접촉은 그야말로 파라다이스가 될 것이라는 환상도 있습니다. 환상 속의 남성이 존재하는 것은 아니지만, 존재해서 만남을 가졌다고 해도 상대가 나를 찾게 해주는 통로가 아니면 곧 실망합니다. 내면에서 에너지가 활성화되는 것과 실제 욕망을 구분하는 일은 애매모호합니다. 이 또한 감정의 혼란입니다.

중년에 재혼하거나 늦은 결혼을 하는 여성들이 조언을 구하면 저는 말합니다. "친구처럼 대화가 통하고 편한 사람을 선택하세요." 그가 당신에게 맞는 사람입니다. 어떻게 그런 사람을 만날 수 있느냐는 질문도 받습니다. "먼저 당신의 내면과 대화를 하세요." 자신과 소통한 사람만이 타인과도 소통합니다.

재혼하려는데 만나는 사람마다 불평이어서 고민인 여성이 있었습니다. 그녀는 자신에게 불평이 많았던 겁니다. 불만족스러운 자신을 사랑하는 일을 먼저 해야 합니다. 외적 조건만 보다가 거기에 맞는 사람을 선택해서 재혼했는데, 재혼한 남편 역시 자신의 외적 조건만 봐서 크게 실망한 여성도 있습니다. 실망이라뇨? 남편도 당신 기준대로 선택된 사람인데요.

당신 꿈에 나타나는 남성은 연애 한번 제대로 못 하고 떠나보낸 마음속의 첫사랑입니다. 내적 인격과의 조우는 그런 첫사랑과의 조우처럼 황홀하다는 겁니다. 꿈속에서 그와 다시 만나면 망설이지 말고 즐기세요. 메마른 삶에 활력을 가져다줍니다. 마음에서 일어나는 움직임을 조급하게 윤리적 잣대로 억압하거나 피하지 마세요. 그 움직임을 잘 관찰해보세요. 그것은 삶의 활력소입니다. 시간이 흐르면 여성 안에 있는 남성상은 내가 원하면 언제나 사용할 수 있는 탈성화한 제3의 대상으로 투사됩니다. 당신이 가장 즐겁게 할 수 있는 것, 인생을 보다 가볍게 하는 것, 자연과 하나 되게 하는 것, 시간 가는 줄 모르게 집중할 수 있는 것, 낯설지만 힘이 되는 감정의 유발, 이것이 탈성화한 남성상입니다.

중년에 그림 그리기에 빠진 여성이 적지 않습니다. 그녀는 그림을 그리며 이전에는 몰랐던 마음의 평화, 고요, 힘, 쉼, 안정감을 얻었습니다. 그림은 내적 인격이 투사되기에 매우 좋은 탈성화한 제3의 대상입니다.

## 내적 인격, 영혼의 안내자를 만나다

직업이 종교인인 J는 '은밀하게 쌓아 올린 높은 기준'이 필요했다. 개인 분석에서 그 기준이 한낱 관념인 것을 알자 J는 되도록 인간적인 모습이 되려고 노력했다. 하지만 그 높은 기준과 인격의 어두운 그림자의 갈등은 해결되지 않았다. 인격의 그림자는 없앤다고 없어지는 것이 아니었다. 또한 높은 기준은 달성할 수 있는 것이 아니었다. J는 이를 경험적으로 잘 알지만 인정하고 싶지는 않았다.

그러던 중 J는 자신 안에서 낯선 존재를 만났다. 이 존재는 자아와 소통이 가능하다는 면에서 인격적이다. 자아가 마음대로 불러낼 수 없다는 면에서 비인격적이다. 이 존재는 깊은 통찰 혹은 강한 정동情動으로 경험된다. 굳이 그 존재의 성별을 말하자면 남성인 J의 대극인 여성이다. 그녀는 친절하고, 따뜻하고, 관용적이고, 넉넉하고, 직관적이다. 의견이라기보다는 기분이고, 행함이라기보다는 존재이다. 그녀는 출산 이전에 J를 품은 엄마의 자궁과 같은 존재이기도 하다. 여성의 경우에는 그 존재는 기분이라기보다는 의견이고, 존재라기보다는 행함이었을 것이다.

J는 그녀를 한 번씩 만날 때마다 깊은 물에서 생수를 길어 올려 마신 기분이다. 머리에 개념으로만 있던 신학적 지식이 가슴으로, 존재로 경험됐다. 그녀는 서로 대극인 높은 기준과 그림자를 하나로 품었다. 둘의 갈등은 더 이상 갈등이 아니었다. 높은 산에 올라 산 아래를 내려다보면 인간들의 아귀다툼이 다 이해되는 것처럼 말이다.

남자에게는 낯선 여성처럼, 여성에게는 낯선 남성처럼 경험되는 이 존재를 뭐라고 할까? 융은 내적 인격 또는 영혼의 안내자라고 했다. 그리스 신화에서 따와 '아니마'와 '아니무스'라고도 했다. 아니마, 아니무스라는 용어는 내적 인격을 심리학화하는 것 같아서 나는 별로 좋아하지는 않는다. 그러나 자신의 발견을 후학들에게 설명해야 하는 융의 입장에서는 최선의 용어 선택이었을 것이다.

셰익스피어의 《햄릿》에서 주인공은 '사느냐, 죽느냐'로 고민했다. 햄릿에게 사는 것과 죽는 것은 서로 다른 것이다. 내적 인격을 만난 사람은 자신 안에 삶과 죽음이 동시에 있는 것을 알기에 사는 것과 죽는 것은 별개가 아님을 안다. 예수는 누구든지 살고자 하면 죽을 것이고, 죽고자 하면 살 것이라 하였다. 이 말은 언어의 유희가 아니다. 내적 인격과 소통한 사람은 서로 다른 두 개의 대극은 하나의 점에서 만나는 것임을 잘 안다. 세상을 이분법으로 보지 않는다.

J는 이러한 마음의 깊이에 도달하자 꿈속에 미지의 여성이 종종 등장했다. 비록 꿈이지만, 도덕적인 이유로 J는 그녀를 경계했다. 그러다 점점 그녀와 친해졌고, 자유롭게 교제했고 스킨십과 성교도 일어났다. 프로이트는 이 꿈을 억압된 성욕의 발산이라고 할 것이다. 그러나 융은 자아가 심혼인 내적 인격을 만나는 꿈으로 해석했다. 나의 분석 경험에 의하면, 성장하는 중년의 꿈에는 꼭 낯선 이성이 등장한다. 그(그녀)는 성적이지만 성 그 이상의 존재로 경험된다. 신비주의에서 인간이 신과 만나는 절정을 성적 상징으로 표현할 수밖에 없는 것을 이해한다면, 내적 인격이 꿈속에서 이성으로 등장하는 이유를 충분히 알 수 있을 것이다.

# 어디론가 가는 꿈을
# 자주 꿉니다

어디론가 떠나는 꿈을 자주 꿉니다. 어떤 때는 강을 건너고 지하로 내려 가기도 합니다. 버스를 타고 갈 때도 있고, 직접 운전을 해서 갈 때도 있습니다. 너무 신비로워 두려움까지 느껴지는 자연경관을 볼 때가 있고, 보고 싶지 않은 추한 것들을 보기도 합니다. 산을 오를 때는 하늘과 구름과 태양의 신비로운 모습에 경탄을 하면서도, 나 홀로 이 산을 오를 수 있을지 불안한 생각이 들기도 합니다. 강이나 바다를 건너기도 합니다. 죽음 또는 장례식과 관련된 꿈도 꾸는데 이런 꿈은 생생합니다. 꿈 때문일까, 가족을 잠깐 떠나 어디 먼 곳으로 여행을 떠나고 싶은 생각도 듭니다. 어디를 가고 싶은 걸까요?

인생을 사계절에 비유하면 중년은 가을입니다. 가을은 여행하고 싶은 계절입니다. 모르면서도 아는, 알면서도 모르는 미지의 장소로 여행을 떠나고 싶습니다. 그곳에 가면 내가 기대하지 않았던 놀라운 일이 벌어질지도 모른다는 사춘기 소녀의 설렘이 있습니다. 중년이 100대 명산이나 백두대간 등 산행지를 옮기며 등산하는 이유는 운동을 위한 것뿐만 아니라, 낯선 곳에 호기심이 작용해서입니다.

가을이 지나면 곧 겨울이 옵니다. 겨울은 고요한 침묵을 즐기는 명상의 계절입니다. 그가 가을에 한 여행 거리가 긴 겨울밤의 명상 거리가 됩니다. 여행은 경험이고, 경험은 죽어서도 가지고 가는 존재의 위대한 자산입니다. 중년에 꾸는 어디론가 가는 꿈은 내면으로의 여행입니다. 거기서 본 것들의 의미를 찾아야 자산이 됩니다.

밖으로만 나가는 여생을 즐기는 사람도 있습니다. 중년 이전에는 여행 자체가 목적이었다면, 중년 이후에는 그 여행이 내면으로 향할 때만 가치가 있습니다. 외적 여행은 내적 여행의 안내자이지만, 외적 여행이 꼭 필요한 것은 아닙니다. 봉쇄 수도원의 높은 담장은 물리적 공간이 내적 여행에 영향을 미치지 못함을 보여줍니다. 그곳에서 수도사들은 더 깊은 내면의 여행을 하고 있습니다.

사람은 그가 여행한 만큼 존재의 크기가 정해집니다. 중년의 여행은 의식에서 무의식으로 향합니다. 깨달음, 새로운 통찰이나 다짐, 생각의 변화 등은 다 내적 여행이 가져다주는 선물입니다. 물리적 여행으로만 끝나는 여행은 놀이입니다. 놀이는 감정을 정화시키는 정도 그 이상은 아닙니다. 몰려다니며 하는 여행이 여기에 속합니다. 그런 여행의 유익도 있지만 그들은 여행의 진미를 모릅니다.

겨울나무는 가을에 쌓아놓은 양분으로 한겨울을 버팁니다. 북풍한설을 견디면서 그 안에서 활발한 생명 운동이 일어납니다. 그리고 새봄이 오면 부활합니다. 중년에는 내면의 여행을 즐기고 거기서 노년을 살 내적 자원을 끌어올려야 합니다. 그래야 노년에 쇠하지 않습니다. 어디론가 가는 꿈에서 보는 것들은 의식화되기를 원하는 무의식의 자원입니다.

내면의 변화는 몸에 생물학적 변화가 오는 갱년기에 때를 맞추어 옵니다. 갱년기를 각종 호르몬제를 보충하여 몸을 건강하게 만들라는 신호로만 이해한다면, 몸은 건강해지겠지만 마음은 쇠약해집니다. 중년은 몸의 변화에 신경이 곤두서지만, 그럼으로써 마음이 자극을 받습니다. 노안은 멀리 보라는 것이고, 흰머리는 침묵하라는 것이고, 관절병은 마음의 근력을 키우라는 것이고, 목소리의 변화는 반대의 성이 가진 내적 특성을 의식화하라는 겁니다. 몸은 쇠하나 마음은 흥합니다. 자기 몫의 흥할 것을 다 찾으면 다른 세계로 이동합니다. 그래서 어떤 죽음이든 아쉬움이 없는 겁니다.

꿈이 많아진 것은 꿈의 의미를 되새김질하라는 겁니다. 꿈의 소리에 귀를 기울여야 합니다. 사람이 일생에 걸쳐 꾸는 모든 꿈은 다 개인의 성장에 맞춰져 있습니다. 모든 꿈은 다 친절하고 의미가 있습니다. 꿈에 개가 나오는 개꿈은 개처럼 짖어야 할 때를 알리는 겁니다. 내 안의 개를 못 짖게 하니 할 말을 못 해 신경증에 걸립니다. 가위에 눌려 비명을 지르게 하는 악몽은 두려운 것을 피하지 말라는 겁니다. 피하니까 두렵고 무서워 비명을 지릅니다. 반평생 외부에 맞추어 사느라 억압한 자기의 또 다른 모습을 꿈의 여행에서 만납니다.

## 꿈은 내면의 확실한 이정표

꿈은 이정표입니다. 분석심리학자 폰 프란츠 Marie-Louise von Franz는 사람이 일생에 걸쳐 꾸는 꿈은 성장을 위한 퍼즐과 같은 것이라 했습니다. 꿈은 내가 잃어버렸거나 몰랐던 퍼즐 조각을 찾아줍니다. 그리고 그 퍼즐이 들어갈 자리를 보여줍니다. 맞추는 것은 내 의지에 달렸습니다. 전문가의 꿈 분석을 받을 수 없다면 꾼 꿈을 가지고 생각나는 대로 글을 써보세요. 또는 그림을 그려보세요. 어느 순간에 '아!' 하고 감탄사가 나올 때가 있습니다. 꿈의 퍼즐이 제자리에 맞춰진 순간입니다. 분산된 정신 에너지가 하나로 모입니다.

특히 감흥이 있었던 꿈은 수시로 불러와 그 감흥을 다시 느껴보세요. 그것 자체로 정신 에너지는 충전됩니다. 용기가 생기고 그 밖의 다른 것이 가벼워지니 복잡한 인생이 단순해집니다. 꿈에 인상적인 대상을 만났다면 그 대상을 불러와 상상 속에서 대화를 나누어보세요. 이것을 적극적 명상(상상)이라 합니다. 그가 당신에게 말을 걸 것이고 당신이 몰랐던 진실을 알려줄 겁니다. 이렇게 우리의 자아는 무의식과 대화를 합니다.

꿈을 부질없는 환상이라 하면 꿈도 나를 부질없어합니다. 내가 꿈을 버리면 꿈도 나를 버리는 겁니다. 꿈 말고 다른 것으로도 인생의 방향을 탐색할 수 있지만, 꿈을 신뢰하는 사람에게 꿈만큼 생생한 이정표는 없습니다. 오래됐지만 아직도 생생히 기억에 남는 꿈에는 더 선명한 인생의 이정표가 있습니다. 꿈은 두레박입니다. 깊은 우물을 밖에서 마실 수 있도록 나르는 기능을 합니다. 물론 샘이 우물에만 있는 것은 아닙니다. 선불교에서는 꿈을 환상이라 하는데 그들은 꿈 말고 다른 곳에서 물을 길어 올립니다. 반면 성경에는 꿈의 중요성이 곳곳에 기록되어 있습니다.

여행은 깊어질수록 홀로입니다. 산티아고 순례길은 혼자 가야 꿈의 여행이 됩니다. 부부가 함께 가면 부부여행이 되어 관계가 좋아지고, 벗과 함께하면 우정이 깊어집니다. 각자의 가장 진실한 배우자이고 벗인 참된 자기는 혼자 가는 여행에서 만납니다. 꿈의 여행은 때때로 동행자가 있지만 대체로 홀로 떠납니다. 내면의 여행은 혼자라는 겁니다.

당신이 꿈에 본 여행지는 낯선 무의식의 세계입니다. 여행은 낯선 것을 낯익은 것으로 바꿉니다. 즉 잘 모르던 무의식적인 것을 잘 아는 의식적인 것으로 바꾸어줍니다. 이를 통합<sup>integration</sup>이라 합니다. 여행지에서 당신의 놀라움과 두려움은 당신 안에 있는 것들의 놀라움과 두려움, 곧 신비를 말합니다. 꿈은 더 깊은 신비로 들어가게 합니다. 꿈은 분석만 된다면 확실한 이정표가 됩니다. 꿈을 예지로 해석하는 소위 '해몽'은 자기성장과는 무관합니다.

꿈에서 본, 보고 싶지 않은 추한 것들은 본래 당신의 일부였습니다. 당신이 외면해서 추한 것으로 변했을 뿐입니다. 당신은 추하다고 여긴 것들의 중요성과 그 힘을 경험해야 합니다. 현실에서는 불가능한 것들이 꿈속에서는 이루어졌습니까. 그 소망을 이룰 에너지가 당신에게 있다는 것을 보여줍니다. 중년에 소망이 충족되는 꿈은 의식적이고 현실적인 소망의 충족이 아니라, 무의식의 광활한 자기성장의 소망 충족입니다. 현실적 소망은 유효기간이 있고 무의식의 소망은 유효기간이 없습니다.

당신은 꿈속에서 누군가의 장례식에 참여합니다. 침대에 누운 임종 환자를 보기도 합니다. 죽음과 관련된 수의, 관, 묘지, 빈소에 헌화하는 모습 등을 봤습니다. 아주 드물게 자신이 직접 죽기도 하고, 죽은 자신의 모습을 보기도 합니다. 의식에서 죽음은 두렵지만, 무의식에서 죽음은 이곳에서 저곳으로 옮겨 가는 순간 이동에 불과합니다. 그래서 죽음은 먼 강을 건너는 것으로 표현됩니다. 이런 꿈을 꾸면 지인의 부음이 들려오진 않을까 두려워합니다. 그렇지 않습니다. 죽음에 관한 꿈은 익숙한 것과 이별하고 삶이 한 단계 더 성장하는 것을 의미합니다. 당신은 익숙한 것들로부터 죽고 신령한 몸으로 부활하고 있는 것입니다. 죽음의 원형은 그 누구도 피할 수 없습니다. 실제 죽음에 임박해서도 같은 상징의 꿈을 꿉니다. 두려워하라는 것이 아니라 평안히 죽음을 준비하라는 겁니다.

내적 성장에 남다른 관심을 가진 중년 여성이 있었습니다. 그녀는 친구가 제공해준 정보를 따라 조금씩 주식에 손을 대기 시작했습니다. 주식이 폭등하는 시기에 돈이 늘어났습니다. 그녀는 얼굴이 활짝 폈고 주식 이야기를 숨길 수 없었습니다. 자기는 그냥 무리하지 않게 조금만 하는 것이라 했습니다. 그녀는 전과 달리 상담실에서 겉도는 이야기만 했습니다. 자신의 비밀스럽고 성공적인 재테크 이야기를 들어줄 사람이 있는 것에만 흡족해하는 것 같았습니다. 풍부한 상징성을 가진 그녀의 꿈은 연산부호 같은 것이 되었습니다. 그러던 어느 날, 그녀는 꿈을 가지고 왔습니다.

"잘 나가는 운동선수였다가 연예인으로 크게 성장한 A가 잘 차린 밥상을 앞에 놓고 매우 흡족해했습니다. 그것을 보는 저도 매우 흡족했습니다. 맞은편에는 높지만 구름에 가려 잘 보이지 않는 희미한 산이 있었습니다. 저는 둘 사이를 고민하고 있었습니다."

그녀는 기대 이상의 수입에 유명 연예인이 된 것처럼 흡족하고 있습니다. 손쉽게 차려진 밥상의 즐거움에 빠졌습니다. 맞은편에 있는 산은 그녀가 가야 할 성장의 여행입니다. 그런데 희미한 구름에 가려졌습니다. 하나에 빠지면, 다른 하나는 구름에 가리는 원리를 보여줍니다. 공돈에 빠지면 성장은 보이지 않습니다. 에너지 총량의 법칙은 정신에도 해당합니다. 자, 맛난 음식을 배불리 먹을 것인가, 당신이 가다가 멈춘 저 산을 향해 다시 나아갈 것인가. 선택은 본인이 합니다. 한 가지는 명심하세요. 불로소득의 쾌락은 마약입니다. 이득이면 종일 단물을 빨아야 하고 손실이면 종일 원금을 채워야 하기에 마약입니다.

부동산 투기에 열렬하면서 평소 관심인 영적 성장을 뒤로한 중년 여성이 있었습니다. 그녀의 관심은 투기 물건에 집중돼 있었습니다. 그녀도 어디론가 여행 가는 꿈을 자주 꿉니다. 여행의 끝자락은 개간하지 않은 황무지나 허름한 건물입니다. 몇 배의 차액을 노리며 그녀가 전국을 순례하며 찾아다니는 것들이 다 허름한 건물이나 황무지라는 겁니다. 꿈은 그녀의 현주소를 보여줬습니다. 계속 허름한 건물과 황무지 같은 것들을 찾아 여행할 것인지, 내면에 있는 견고하고 흔들림 없고 죽어서도 가지고 가는 건물과 토지로 여행할 것인지 그녀의 선택입니다. 꿈은 친절하지만 강요하지는 않습니다. 꿈도 자아의 자유의지를 존중합니다.

실제로 그녀는 운전 중에 추돌사고가 여러 번 났고, 병원 치료도 여러 번 받아 몸이 많이 쇠약해졌습니다. 원형이 만든 외적 사건으로 볼 수 있습니다. 그녀는 삶의 방향을 돌려야 합니다. 그래도 그녀는 내적 성장을 포기하지 않았기에 계속 꿈을 꿉니다. 그녀의 무의식은 그녀를 포기하지 않았습니다. 만일 그녀가 여전히 물질적인 것들에 집착한다면, 그래서 내적 성장에서 멀어진다면, 꿈도 그녀를 포기하는 날이 옵니다. 마라토너가 주변의 아름다운 경치에 취해 달리기를 포기하는 것과 같습니다.

---

### 내 삶에 적용하는 Q&A

**Q.** 자꾸 어디론가 떠나는 꿈을 꾸는 건 무엇 때문일까요? 심리적인 문제인가요?

**A.** 꿈은 현재 나의 삶, 내면의 위치와 무의식의 소망을 알려줍니다. 반복해서 꿈에서 보는 것은 의식화되기를 원하는 무의식입니다. 꿈의 의미를 되새김질해보세요.

## 죽음은 새로운 세계로 진입하는 문이다

중년에 의미 있는 각성이 시작될 즈음에 죽음과 관련된 꿈을 꾼다. 꿈에서도 방어 기제는 작동한다. 그래서 본인이 직접 죽는 꿈은 웬만해선 잘 꾸지 않는다. 가까운 누군가 죽거나 그의 장례식에 참석하는 꿈을 꾼다. 자신이 가진 이전의 세계관으로부터 죽는 연습을 하는 거다. 그래야 새로운 세계로 진입한다.

중년의 성장 프로그램이 본격적으로 가동되면 그들은 크고 작은 상징적 죽음을 경험한다. 죽음의 터널을 거치지 않고는 새로운 것을 창조할 수 없다. 성장기에 치르는 죽음의 통과 의례는 잔인할 때도 있다. 예측할 수 없었던 일들이 개인 또는 집단 안에 일어나 당신을 연단시킨다. 개성화Individuation(집단의식에서 나와 참된 자기로 사는 것)는 크고 작은 죽음의 행진곡이다. 그들은 하나에서 죽을 때마다 하나의 부활을 경험한다.

살아생전에 조금이라도 더 성장하여 죽음 이후로 건너가야 한다. 따라서 죽음에 임박하면 개성화는 가장 왕성하게 이루어진다. 뜻밖에 진행되는 본인의 개성화를 자각하는 사람도 있고 자각하지 못하는 경우도 있다. 전자는 죽음을 준비한 사람들이다. 후자는 죽음의 두려움에 사로잡힌 사람들이다. 대부분의 사람은 마지막 순간에는 죽음을 평화롭게 수용한다는 것이 이 분야 연구자들의 진술이다. 그러니 유가족들은 조용히 가시는 분 앞에서 큰 소리로 곡을 하면 안 된다.

개성화는 자신의 현 상태를 있는 그대로 수용하면서 시작된다. 감정이 아닌 지적 수준에서 운명을 받아들이는 것이다. 운명은 자아의 의지로 변화시킬 수 없다. 자아는 사회에 적응하면서 무의식과 멀어진다. 이후 자아는 자기self의 동력에 의해 집단무의식에 접근하면서 원형인 절대지에 근접한다. 그는 죽음을 가까이 둔 영적인 사람이 된다. 절대지에 접근한 그는 죽음을 겸허히 수용하는 일이 가능해진다.

원형은 신성한 것과 하나 되는 길로 각자를 안내한다. 죽음은 지상에서 이루지 못한 '신성한 결혼'을 완성한다. 신성한 결혼은 지구의 의식 그 이상의 차원이다. 삶은 죽음의 예표이다. 그러나 삶으로 죽음을 이해할 수는 없다. 죽음은 임박한 임종 환자들에게 다른 차원의 방법인 환시, 환청, 환각 등으로 말을 건넨다. 그들의 두려움을 달래는 거다. 그런데 보편적인 지식의 범위에서 바라보는 전문가는 이런 현상을 섬망 혹은 정신분열 증상이라고 한다.

죽음에 가까워질수록 무의식은 그의 삶을 정리하고 새로운 답을 찾는다. 하지만 너무 두려운 나머지 자신이 무엇을 하는지조차 모른다. 만일 그들이 꾸는 의미심장한 꿈이 해석된다면 그들은 보다 편안하게 죽음을 맞이할 수 있을 것이다.

어린이는 덜 의식적이고 페르소나도 발달하지 않았다. 그들의 자아는 원형에 보다 가까이 있기에 죽음을 두려워하지 않는다. 어린이와 함께하는 어른인 부모가 슬퍼하고 두려워한다. 어린이는 죽음을 대하는 어른들의 모습을 보고 두려워하지, 죽음 자체를 그렇게 두려워하지 않는다. 그러니 죽어가는 어린이 앞에서 어른들은 제 슬픔으로 슬퍼하지 말고, 제 두려움으로 두려워하지 말아야 한다. 꽃이 피기도 전에 세상을 떠난 것이 아니라 더 좋은 곳에서 꽃이 필 준비를 마친 것이다.

# 아버지의
# 눈물을 봤습니다

아버지가 경제적으로 무능해 대학 생활을 거의 아르바이트만 하면서 보냈습니다. 제가 벌어서 공부하는 뿌듯함도 있었지만, 일에 치여 대학 생활의 낭만은 거의 없었습니다. 그럴 때마다 아버지가 원망스러웠습니다. 아버지는 다른 차원에서 홀로 사시는 분 같습니다. 고집이 만리장성입니다. 명절이 되어 가족이 다 모이면 아버지는 그날을 기다렸다는 듯이 흡연방으로 가셔서 줄담배를 피우곤 하십니다.

저는 홀로 담배를 피우시고 방에서 나오시는 아버지의 눈에 눈물이 고인 것을 가끔 봤습니다. 담배연기 때문이겠거니 했습니다. 그게 아니었다는 것을 중고생인 두 명의 자녀를 키우며 알았습니다. 아버지는 더 우셔야 했고, 그나마 줄담배가 아버지를 위로했던 겁니다. 지금까지 농촌에서

막일을 하며 사시는 아버지는 정말 많이 고생하셨습니다. 그런데 왜 이제야 아버지의 눈물이 이해되는 걸까요. 제 마음에 어떤 변화가 일어났기에 그런 걸까요?

## 부모를 이해하면 자신도 이해할 수 있다

아버지가 고집스럽다고 하셨습니다. 고집은 자기를 지키는 하나의 방법입니다. 왜 꼭 고집이어야 할까요? 고집은 아버지의 자기연민을 가리는 수단입니다. 역할을 다 못하는 아버지의 무능을 자식들에게서 가리려는 것입니다. 자식의 고집도 존중받아야 하듯이 아버지의 고집도 존중받을 권리가 있습니다. 아버지는 가족이 다 모이는 명절 때마다 자신의 무능을 부끄러워했을 겁니다. 평소와는 다르게 자기연민에 빠졌고 담배가 아버지의 마음을 위로했습니다.

대체로 엄마는 감성으로 자식을 대하고 아버지는 이성으로 자식을 대합니다. 엄마는 '그랬구나!'라면 아버지는 '왜 그랬어?'입니다. 힘든 일은 엄마에게 위로받고 어려운 일은 아버지의 조언을 듣습니다. 엄마는 사랑의 양으로 아버지는 사회적 위치와 경제력으로 자식의 평가를 받습니다. 어린 시절 당신의 고민은 '내 아버지는 왜 저래야 하시나'였습니다. 평가의 기준이 없는 아버지에 대한 원망은 지금도 당신의 무의식에 쌓여 있습니다. 무의식은 당신에게 말을 겁니다. "내 아버지는 왜 저래야 하시나."

아버지의 고집스러움을 호소하는 내담자는 많습니다. '우리 아버지는 만리장성이다, 먹통이다, 콘크리트 벽이다.' 그들은 자기감정으로 아버지를 보지, 아버지의 감정으로 아버지를 보지 못합니다. 자식은 부모에게 가면 퇴행하여 어린이가 되고 싶습니다. 내게 좋으면 좋은 부모이고, 내게 나쁘면 나쁜 부모가 됩니다. 부모에 관한 한 객관적 기준이 작동하지 않습니다. 그러니 이 땅의 부모들은 자식에게 객관적 판단을 받으려는 생각은 당분간 접는 것이 마음 편합니다.

내 자식이 걱정되거나 속을 썩일 때, 당신은 자신의 부모를 객관적으로 이해하게 됩니다. "그때, 부모의 마음은 이랬구나!" 아버지의 눈물을 본 당신이 지금 그렇습니다. 아버지에 대하여 매우 부정적인 내담자는 불행의 이유를 다 무능하거나 이해심이 없는 아버지에게로 돌립니다. 잘 들어보면 그런 점이 있기도 합니다. 아버지를 나쁜 사람으로 만들고, 아버지를 원망하며 감정이 정화되는 시기에 아버지에 대한 새로운 인식이 생깁니다. "아버지는 그래서 그러셨구나." 부정적 대상 인식이 수정되면서 자기 인식도 긍정적으로 수정됩니다.

당신은 낮은 자존감으로 늘 힘들었습니다. 당신에게 빛이 들어오기 시작했습니다. 여성이 어머니도 아닌 아버지의 눈물을 본 것은 큰 변화입니다. 마음에 여유가 생길 것이고 자신과 타자에 대한 이해가 한층 넓어집니다.

아버지는 여전히 고집스럽고, 말투가 투박하고, 시골집에서 담배를 피워 가족들에게 피해를 주기도 하고, 가끔은 어린이처럼 눈물도 흘립니다. 그렇게 하신 아버지는 당신의 심리상담사나 다름없습니다. 심리상담사는 준비된 내담자에게 최적의 도움을 줄 수 있습니다. 당신은 준비를 했습니다. 더욱 바빠진 남편과의 크고 작은 갈등들, 거친 사춘기에 진입한 자식과 아침저녁으로 치르는 전쟁과 실망, 직장생활에서 오는 스트레스 때문에 당신은 속으로 울고 있었습니다. 만족스럽지는 않지만 삶의 고통에 고군분투하시는 아버지의 눈물에서 당신의 눈물을 봤습니다.

부모는 부모 됨의 힘듦을 온몸으로 배우는 존재입니다. 이것은 구속이 아니라 큰 유익입니다. 자기 부모를 진심으로 이해하는 사람은 또한 자기를 이해합니다. 나에 대한 의문은 거기서부터 풀립니다. 부모는 물리적으로 떠났다고 아주 떠나지 않고 항상 자식의 마음 안에 있습니다. 심지어 임종 시에는 죽음의 안내자로 마중 나와 두려운 자식의 마음을 위로하고 달랜다고 합니다. 숨을 거두기 직전에 보는 부모 환영이 그것입니다. 중년에는 실제 부모 경험보다는 부모 경험에 대한 나의 해석이 더 중요합니다.

고집은 자존감은 떨어뜨리고 자존심은 높입니다. 아버지는 사랑이 없었던 것이 아니라 자신이 없었습니다. 그 외로움을 외딴 방에서 홀로 담배를 피우시면서 달래셨습니다. 아버지는 담배 연기로 무능한 자식 사랑을 태우셨습니다. 그곳에서나마 감정을 순화시키셨습니다. 그 방을 나와서는 다시 고집스러움으로 자신을 보호하셨습니다. 언어화되지 않은 아버지의 눈물은 가장으로서 책임을 다하지 못한 자기연민이고, 자식들에 대한 부끄러움과 미안함이 점철된 진실이었습니다.

최근에 당신은 눈물이 많아졌습니다. 눈물 흘릴 만한 일도 아닌데 눈물이 나와 사람들 앞에서는 부끄럽습니다. 눈물 때문에 꼭 하고 싶은 말도 못할 때가 있습니다. 당신의 눈물은 아버지의 눈물입니다. 아버지는 흡연실에서 당신은 화장실에서 눈물로 감정을 순화하고 있는 겁니다. '내 아버지는 왜 저래야 하시나'가 '나는 왜 이래야 하나'로 바뀌었습니다. 그래야만 하는 아버지, 그래야만 하는 나. 힘듦으로 인해 성장하고 겸손해집니다.

당신은 아버지를 진심으로 이해하자, 아버지는 물론 그동안 이해 못했던 사람들까지 이해하게 됐습니다. 이래서 어떤 부모이든 자식의 평생 심리상담사입니다. "내 부모는 이래서 이러셨구나" 하면 내 안의 이해와 사랑의 폭이 넓어집니다. 중년은 감정적으로 얽힌 부모의 표상에서 벗어나 참 자기를 찾는 시기입니다. 지금 아버지의 힘듦과 동일시하여 흘리는 당신의 눈물은 아버지의 눈물로부터 벗어나 자신의 눈물을 만드는 과정입니다. 무엇이든 동일시하고 분리해야 거기서 얻을 것을 얻습니다. 부모와 자식 관계, 선생과 제자의 관계도 그렇습니다.

아버지는 종종 말씀하셨습니다. "공부를 해야 고개를 들고 살 수 있다." 아버지는 공부를 못하셔서 고개를 숙이고 사셨던 겁니다. "성공해야 사람 구실을 한다." 아버지는 스스로 실패자라 사람 구실을 못했다고 생각하셨습니다. 아버지는 위안거리로 술을 드셨고, 술은 밖에서 억압한 아버지의 공격성을 집안에 풀어놓게 했습니다. 당신 가족은 술이 싫었고 아버지가 싫었습니다. 그리고 뒤에서 몰래 우시는 아버지, 당신은 아버지의 눈물을 미워했습니다.

아버지의 말씀대로 당신은 열심히 공부했습니다. 아버지처럼 안 되려고, 당신은 강박적으로 공부했습니다. 아버지 같은 사람이 되지 않으려고. 아버지는 당신이 공부를 열심히 하게 한 반면교사였습니다.

어느 명절에 친정에서 있었던 일입니다. 아버지는 사춘기를 거치며 미운털이 깊게 박힌 외손주와 큰 소리로 유쾌한 대화를 하고 있었습니다. 이 장면이 매우 낯설었습니다. 그 순간 당신 마음에 시기와 질투가 올라왔습니다. 당신은 자식에게 쏘아붙였습니다. "조용히 못해. 시끄러워." 당신도 깜짝 놀랐습니다. 속에서 정말 하고 싶은 말은 따로 있었습니다. "아버지는 왜 저랑 놀아주지 못하셨나요?"

그날 당신은 아버지에게도 감수성이 있다는 것을 발견했습니다. 내가 열등감에 사로잡혀 내 감정을 억압했듯이 아버지도 열등감으로 당신의 감정을 억압했던 겁니다. 억압된 감정이 외손주를 보고 풀어져 따뜻하고 유쾌한 이야깃거리가 됐습니다. 당신은 아버지의 저런 유쾌한 모습을 언제 봤는지 과거를 더듬어봤으나 기억나지 않았습니다. 저런 모습이 한 번도 없으셨던 것은 아닌데. 당신은 아버지의 부정적 측면을 주로 내사했습니다.

내가 바뀌면 대상도 바뀝니다. 아버지의 눈물은 자식 앞에서 아픔을 가리는 따뜻한 애정이었습니다. 부모는 눈물로 자녀에게 더 잘해주지 못한 한을 달랩니다. 이 세상에서 가장 아름다운 만남은 눈물과 눈물의 만남입니다. 당신의 눈물은 아버지의 눈물을 만났습니다. 원형이 사람의 얼굴에서 만들어내는 가장 아름다운 모습은 눈물입니다.

### 내 삶에 적용하는 Q&A

**Q.** 원망스럽기만 했던 아버지가 이해되기 시작했습니다. 마음에 무슨 변화가 일어난 걸까요?

**A.** 중년에는 감정적으로 얽힌 부모의 표상에서 벗어나 참 자기를 찾습니다. 현재 아버지의 힘듦을 나의 힘듦과 동일시하고 분리하는 중입니다. 그 과정을 거치면 나 자신도 진정으로 이해할 수 있습니다.

## 감정이 이성을 다스리는 남자

화제의 인물인 A, 도대체 그의 퍼스널리티personality(인격)는 알다가도 모르겠다. A를 간단하게 심리 분석해달라는 요청을 받았다. 나는 특정인을 추켜세우거나 비하하는 일은 하지 않는다고 했으나 그분의 퍼스널리티는 완벽한 정신분석 사례 같아 몇 자 적는다.

한마디로 말하면 그는 미해결된 오이디푸스 콤플렉스의 전형을 보인다. 아마도 그의 부친은 매우 엄하고 무섭고 아들을 매로 다스렸을 가능성이 높다. 그렇게 아버지의 벽을 넘지 못한 남아는 무의식에 아버지의 위협에 대한 불안, 그런 아버지에 대한 분노, 극한 감정을 처리 못해서 오는 갈등이 뒤섞여 있다.

그는 아버지를 대변하는 상급자에게 강한 분노를 가지고 공격하는 것을 일삼는다. 이런 특성이 상황에 따라서는 정의의 화신이 될 수 있다. 하지만 그가 오이디푸스 콤플렉스를 해결하지 못한 채 권력을 손에 쥔다면, 높은 확률로 권력을 남용한다. 그는 자신의 어린 시절을 대변해주는 슬하의 선별된 아랫사람은 유별나게 잘 챙겨준다. 이것도 언제 깨질지 모를 불안정한 관계이기는 하다.

한편 자신이 위협받는다고 여기면 과하게 반응하거나 감정 조절을 못한다. 그는 강하게 보이려 애를 쓰지만 무의식에는 아버지에게 꼼짝하지 못한 아동이 떨고 있다. 연산군도 오이디푸스 갈등의 전형을 보인다. 그런 사람이 권력을 쥐면 분노를 통제 못해 많은 사람이 불행해진다. 이성적이고 합리적인 생각을 한다 해도 자신과 관련해서는 감정에 따라 움직이기 때문이다.

그에게 희망은 아버지를 대신할 수 있는 타자와 정서적인 관계를 맺는 것이다. 타자와의 친분이 깊어질수록 오이디푸스 콤플렉스는 서서히 극복되고 퍼스널리티는 안정된다. 남자들은 위기 상황에서 종종 오이디푸스 갈등에 빠지는데, 이때 얼마나 빨리 신경 증세에서 빠져나오는지가 관건이다.

# 부부 관계가
# 너무 좋습니다

우리 부부는 금실이 참 좋습니다. 제 나이 또래 여성을 만나면 남편 홍은 식탁의 양념입니다. 저는 남편과 함께 있는 시간이 가장 즐겁고, 남편도 그렇습니다. 남편은 평소 바쁜 사람이지만 주말이면 대부분 저와 함께 시간을 보냅니다. 저는 가족 말고는 다른 인간관계에 그다지 흥미가 없습니다. 그러다가 아이들이 취직해 상경한 이후로 저는 죽음에 대한 생각을 종종 합니다. 죽음과 관련된 꿈도 꿉니다. 정말 생뚱맞습니다. 처음으로 남편 바라보기의 삶이 내가 없는 죽음은 아닐까를 생각했습니다. 종종 허무해지곤 합니다. 그러나 여전히 우리 부부관계는 좋습니다. 그러나 나로서 존재하는 것 같지는 않습니다. 저는 잘 사는 걸까요?

배우자는 가장 가까운 인생 교과서입니다. 교과서에게 물어보세요. "여보, 나 지금 잘 사는 거야?" 당신도 남편에게는 인생 교과서입니다. 남편도 당신에게 같은 질문을 한다면 어떻게 대답하시겠습니까? 당신은 망설였습니다. "글쎄요. 잘 사는 것이라 말해주기에는 어딘지 모를 부족한 부분이 있는 것 같습니다."

남편이 당신에게 이렇게 말하면 어떨까요? "당신은 교과서 문제를 잘 풀고 있지. 그런데 쉬운 문제만 골라 풀고 있어." 당신은 말했습니다. "아, 그러고 보니 남편도 그런 것 같습니다. 적어도 우리 부부관계에 있어서는…." 부부는 서로 맞추고 있었던 겁니다. 어떻게 부부가 하나로 살 수 있습니까? 엄연히 다른 인격체인데요. 당신 부부는 지금 싸울 준비를 하고 있습니다. 싸워야 인생의 어려운 문제를 풀 수 있습니다.

"잘하고 있고말고. 우리 부부는 아주 잘 사는 거야." 만일 당신과 남편이 여전히 이런 대화를 주고받는다면 두 분은 계속 서로에게 맞추어나갈 겁니다. 참 좋은 부부처럼 보이나, 각자는 내가 나로 존재하지 않는 허수아비 같은 느낌이 듭니다. 서로를 바라보는 일에 더는 기쁨을 찾지 못할 즈음에 우울해질 겁니다. 부부가 각자가 가진 인격의 어두운 그림자를 외면하면 생애 후반으로 갈수록 삶의 추동력이 떨어집니다. 삶의 에너지는 마음의 양지와 음지의 조합에서 생깁니다.

고운 것을 나누면 좋은 것이고, 미운 것을 나누면 나쁜 것이라 하여 평생 자기방어로 사는 부부도 있습니다. 그러다가 남편이 먼저 떠났습니다. 혼자된 아내는 우울증에 공황 장애까지 겹쳤습니다. 사람들은 부부애가 너무 좋아서 그렇다고 합니다. 그렇기도 합니다. 그 부부는 부부애를 선택하고 성장하는 것을 피했습니다. 혼자된 할머니의 이야기를 경청해보니 아내는 남편에게 70퍼센트 종속됐다면 남편은 아내에게 30퍼센트 정도 종속된 것으로 보였습니다. 그 부부의 사랑은 아내의 희생으로 유지됐던 겁니다. 70퍼센트 의존한 대상이 떠났으니 마음에 병이 온 것은 당연합니다.

이 세상에 미움이 없는 사랑은 없습니다. 미움을 억압한 사랑은 언제 터질지 모르는 휴화산과 같습니다. 겉은 화려하지만 속에서는 마그마가 끓고 있습니다. 온전한 사랑은 미움과 함께 움직입니다. 미움이 있어 서로 다투며 각자 돌아보고 성장합니다. 중년이 되어도 사랑의 환상에 머물러 있는 부부라면 미움을 두려워하지 말고 직면해야 합니다. 자기주장을 내세우며 싸워야 합니다. 그래야 사랑이 더 단단해집니다.

검은 머리가 파뿌리가 될 때까지 고락을 함께 나누자는 것은 오래 살자는 것이 아니라 함께 성장하자는 겁니다. 흰 머리는 성장을 상징합니다. 산신령은 희고 긴 머리를 가지고 있잖아요. 긴 것은 그만큼 많이 성장한 겁니다. 검은 머리가 하얘지는 건 무엇을 새롭게 시작할 때가 됐다는 것을 몸이 마음에 알리는 신호입니다. 머리는 하얘지는데 자꾸 염색하여 이전의 즐거움만 찾으시겠나요? 당신에게 부부 시각 말고 인생을 바라보는 어떤 시각이 또 있는지요? 당신은 변화와 상징의 표적을 읽지 못했습니다. 가족주의가 삶의 전부인 것처럼 살아왔습니다.

## 과거로부터 용기 있는 죽음을 선택하라

원형은 친절합니다. 당신에게 죽음의 상징을 날라주고 있습니다. 당신은 죽어야 합니다. 과거로부터 죽어야 합니다. 당신은 죽음을 생각하고 죽음과 관련된 꿈을 꿉니다. 죽지 않고는 재탄생하지 않습니다. 죽음은 원형이 보내는 매우 강력한 변화와 성장의 표적입니다. 사람이 죽으면 살아 있는 사람은 가장 강력한 메시지를 받습니다. 인류의 성장사는 죽음과 함께합니다. 죽음 꿈, 죽음 영화, 죽음과 관련된 문학이나 예술 작품, 또는 실제 누군가의 죽음이 여기에 속합니다.

죽음은 과거로부터의 단절입니다. 죽으면 한시적으로 상실의 슬픔이 몰려옵니다. 당신은 남편과의 분리가 두려워 남편에게 순응하며 살았습니다. 남편도 마찬가지입니다. 이를 '거짓자기'라고 합니다. 내가 좋은 것으로 여기며 살아온 것들로부터 죽어야 억압의 무

216

덤에서 다시 태어납니다.

당신은 남편 퇴근 시간에 맞추어 항상 집에 있어야 했습니다. 남편이 좋아해서였습니다. 당신은 남편이 집에 있으면 당신만의 시간을 가지지 못했습니다. 친구와 긴 통화를 못하고, 하다못해 책 읽는 것도, 남편이 싫어하는 TV 프로그램을 보는 것도 눈치를 봤습니다. 남편이 인상을 써서였습니다. 휴일이면 남편과 함께 외식하고, 문화 활동을 하거나 남편의 외부 행사에 동행하기 등을 했습니다. 남편은 당신과 친정 식구들에게 보통 이상으로 잘하는 등 충분한 보상을 해줬습니다. 당신은 그것을 즐겼으나, 남편만 바라봐야 했습니다.

당신의 친구는 서서히 떨어져 나갔습니다. 남들은 아이들 학교 다닐 때 소통하던 자모 모임을 아직도 유지한다고 합니다. 가끔 저녁에 만나 맥주 타임도 가진다고 하나, 당신에게는 어림도 없었습니다. 친구들끼리 며칠씩 여행도 갔다 온다는데, 당신에게는 먼 나라 이야기입니다. 오직 남편과 함께했고 그것을 자랑으로 여겼습니다. 당신은 가끔 이런 생각도 했습니다. "나는 이 집 가정부인가? 또는 남편의 비서?" 그러기에는 그 밖의 다른 것들에 대한 남편의 보상이 컸습니다. 그래서 벗어나지 못했고 싸우지 못했습니다.

자유가 얼마나 소중했으면 '자유가 아니면 죽음을 달라'는 말이 다 나왔겠습니까. 남편은 당신을 왕에게 충성하는 집안의 철없는 공주로 여기는 것은 아닌지요? 어린이성에 고착된 자기애성 성격의 여성은 그런 삶을 즐깁니다. 퇴행을 즐기는 것인데, 거기에 경제적 보상이 따르면 달콤하여 빠져나오기 힘듭니다. 당신 부부는 서로 만족하는 타협점을 찾고 거기에 고착됐던 겁니다.

부부의 고착은 서로 만족하는 미성숙한 지점을 찾아 함께 손잡고 있는 것입니다. 당신은 고민했습니다. "왜, 나는 남편이 아닌 사람들과는 더 깊은 관계 맺기가 안 될까?" 애착 대상인 아이들도 떠났습니다. 당신은 내면의 소리에 귀를 기울여야 합니다.

## 가족주의는 성장을 멈추게 한다

진정으로 가족을 사랑하는 사람은 가족주의에 가족을 가두지 않고, 각자가 갈 길을 응원해주어야 합니다. 한때 필요했던 가족주의는 이유 있는 덫입니다. 가족의 화목이 어떻게 인생의 목표가 될 수 있습니까? 가족 이기주의만 양산합니다. 앞으로 당신은 무엇을 목표로 살아야 합니까? 과거와는 다르게 살겠다는 마음가짐만 있어도 마음에 빛이 들어옵니다. 원형은 성장 욕구가 있는 사람을 돕습니다. 하나의 갈등을 풀면 한 단계 더 성장합니다. 갈등이 두려워 서로 맞춰가던 게임을 중단하세요. 자기 게임을 즐기세요.

사람은 알면 알수록 모릅니다. 평생을 함께 살아도 여전히 잘 모르는 사람이 배우자입니다. 우리 부부는 서로를 너무 잘 알고 있다고요? 부부 사이에도 신비가 필요합니다. 상대를 잘 모르는 사람으로 존중하는 것은 배우자 이전에 인간의 자세입니다. 당신 부부는 상대의 모름을 인정하고 존중해주었는지요? 모름을 인정하고 싶지 않아 상대를 각자의 욕구에 예속시킨 것은 아닌지요? 서로의 자유를 적당히 구속하면서 안전장치를 만들고 그 안에서 불안정한 행복의 탑을 쌓아 올리지 않았는지요?

자기애성 인격을 가진 남편에게 맞춰만 살다가 더는 이렇게 살고 싶지 않아 남편에게 문자 한 통 달랑 남기고 제주도로 여행을 떠난 부인이 있었습니다. 말하나 마나, 부인은 귀가해서 남편과 대판 싸웠습니다. 이후에도 아내의 독립선언문은 계속 낭독됐고 집 안 물건은 거실 바닥에 내동댕이쳐졌습니다. 일 년의 냉전기가 지난 후에야 남편은 아내의 요구를 존중하게 됐습니다. 서로의 자유를 존중하게 된 부부는 '홀로 그리고 함께'의 행복을 얻었습니다.

부부는 '항상 함께'라는 강박적 생각을 가진 부부가 있었습니다. 그러면서도 어딘가 모르게 서로 불편했습니다. 알고 보니 가벼운 수준의 의처증과 의부증을 애정인 것처럼 서로 교환하며 살아온 부부였습니다. 심리전문가의 도움을 받은 아내는 그것이 퇴행 관계임을 알았습니다. 너무 오래된 익숙한 관계이기에 폭탄이 필요했습니다. 아내는 우리 부부는 당분간 별거를 해야 할 것 같다며 폭탄선언을 했습니다. 상상도 못한 아내의 제안에 남편의 의처증세는 더해졌습니다. 아내는 인내심으로 여기에 동조하지 않았습니다. 이러다가 우리 부부 이혼하는 것은 아닌가 하는 불안도 있었습니다. 다행히 남편도 심리전문가의 자문으로 아내를 놓아주는 연습을 했습니다. '홀로 그리고 함께'가 되기까지는 많은 갈등과 시간이 필요했습니다.

나이 육십이 돼 가는데 손을 꼭 잡고 산책하며 부부애를 과시하는 사람들. 일부 여성은 이들을 부러워합니다. 남성들은 이들을 부러워하지 않습니다. 상호의존을 벗어나지 못하는 부부인지, 사이 좋은 척하는 부부인지, 함께 그리고 홀로도 하는 부부인지, 당사자만 압니다. 저는 평소에는 서로 남처럼 살면서도, 공적인 파티에서는 꼭 손을 잡고 부부애를 과시하는 부부를 만났습니다. 또한 외부에서는 독립적으로 사는 부부 같지만, 가정에서는 사이 좋은 부부도 만났습니다. 배우자가 먼저 세상을 떠나도 나 혼자 세상을 살아갈 수 있는 정도의 부부관계, 그것이 성숙한 부부관계입니다.

---

### 내 삶에 적용하는 Q&A

Q. 부부 사이는 좋은데 왠지 모를 공허함이 느껴집니다. 무엇이 문제일까요?

A. 갈등 없이 평화롭기만 한 관계는 좋은 관계라고 할 수 없습니다. 미움을 두려워하지 말고 직면해야 사랑이 더 단단해집니다.

## 죽음은 신성한 결혼이자 신성한 탄생

사람이 일생을 살면서 느끼는 가장 큰 설렘은 결혼이고, 아이가 생기는 일이다. 아이는 어딘지 모를 세상에서 와서 아직은 잘 모르는 세상을 저만의 잠재력과 창조성으로 살아간다. 그래서 먼저 세상에 온 사람들은 아이의 출생을 환영한다. 즉 결혼과 출생은 무엇인가 새로운 것을 다시 시작하는 일이다.

성장하는 중년은 결혼과 관련된 상징이 꿈에 종종 나온다. 웨딩드레스, 결혼식 축가, 신랑과 신부, 혼인 예배(미사), 신혼 침실 등이다. 성장은 결혼과 같다. 내 안의 새로운 존재와 새로운 만남으로 결합한다. 이전과는 다른 세계관이 필요한 때가 왔음을 알린다. 이보다 더 적절한 상징이 있을까?

그와 동시에 낯선 어린이가 꿈에 출현한다. 새로운 세계관이 열린 당신은 이제 막 새롭게 살아갈 준비를 마친 어린이다. 이보다 더 적절한 상징이 있을까? 나의 분석 경험에 의하면, 보통 피분석자가 자신의 성장을 뚜렷이 의식할 즈음에 결혼과 어린이 꿈을 꾼다. 그 꿈은 그가 인생 후반을 당신만의 창조성으로 살 준비를 마쳤거나 준비해야 함을 알리는 신호이다.

그러다가 죽음 직전에 결혼과 아이의 상징이 다시 꿈에 출현한다. 이전과는 다르게 강렬한 정동을 동반한다. 결혼은 신성한 결혼divine wedding이고 아이는 신성한 아이divine child이다. 죽음은 신성한 존재와의 혼인이며, 신성한 아이로 태어나 무엇인가를 다시 시작해야 하는 것이다. 반드시 죽음을 예고하는 꿈이 아니어도 강렬한 정동을 유발할 수는 있다.

죽음에 대해 다룬 내 강좌에 참여한 한 수강생은 유달리 죽음 불안과 두려움 때문에 많은 고통을 받았다. 죽음과 관련된 꿈도 많이 꿔서 건강 염려증이 있었고, 심지어 무당이 되어야 하는 것은 아닌가 걱정할 정도였다. 그분은 강의 내용과 상징에 집중해서 자신의 꿈과 감정을 분석했다. 4주간의 강좌가 끝난 후, 그는 죽음에 대한 두려움이 현저히 줄었다는 수강 소감을 말했다.

# 나이 오십인데
# 결혼하고 싶어요

저는 나이 오십인 싱글입니다. 지금까지 남성을 사랑하거나 짝사랑한 적이 한 번도 없습니다. TV 드라마에 나오는 이상형의 남성을 상상 속에서 잠깐 사모한 경험이 전부입니다. 그러다 폐경기를 앞두고 호르몬에 변화가 오면서, 심리적으로도 변화가 일어나는 느낌을 받기 시작했습니다.

"나는 정말 남자에 관심이 없는 걸까. 그렇다면 왜?"

새로운 사실을 알게 됐습니다. 저는 남성을 믿지 못했습니다. 지나온 삶을 돌아보니 제게는 사람 자체를 믿지 못하는 습성이 있었습니다. 결혼을 피한 것이 아니라 사람을 피한 겁니다. 인간관계에서 상대의 작은 실수나 단점을 이유로 들며 내가 먼저 박차고 나왔습니다. 그렇게 저는 혼자 있는 것을 좋아하는 천성을 가졌다고 생각했습니다. 하지만 저의 이런 습성은 마음의 속임수임을 알게 됐습니다. 지난 세월이 억울했습니다. 이제라도 다시 세상을 살고 싶습니다. 난데없이 결혼이 하고 싶어졌습니다. 저를 잘 아는 사람은 반대합니다. 결혼은 당신에게 속박일 것이니 차라리 지금처럼 홀로 자유를 누리라는 겁니다. 남들이 보는 것과는 달리 내 자유를 진정한 자유로 느껴본 적은 없습니다. 그동안 억압한 성적 욕망도 살아나기 시작합니다. 결혼을 해야 할까요?

## 결혼하고 싶은 욕망에 가려진 더 큰 욕망

누구나 가보지 않은 길에 대한 미련은 있습니다. 만일 결혼을 하기로 한다면 상대는 있습니까? "아직 없습니다." 그럼, 결혼은 나중에 결정할 일이고 우선 사람을 만나야 합니다. 당신은 주저했습니다. 내가 과연 사람을 만날 수 있을까? 낯선 남자와 마주 앉아서 차를 마시고 밥을 먹을 수 있을까? 옆자리에 앉아 영화를 보고, 잠자리를 할 수 있을까?

결혼을 고민하기 전에 사람 사귀는 일을 먼저 해야 합니다. 지금 결혼 욕망은 남은 생을 홀로 살아야 하는 두려움에서 나왔습니다. 당신은 결혼할 준비를 하지 않았습니다. 며칠 굶은 사람에게 당장 필요한 것은 한 그릇 밥인데 눈앞에 진수성찬을 그리는 것과 다름없습니다. 진수성찬이 꼭 내게 맞는 음식은 아닙니다. 지금은 내 밥을 짓고 내 반찬을 만들 때입니다. 자신을 정비해야 할 시기입니다.

나이 오십은 마음의 전환점입니다. 이 시기에 '자기의 초월 기능'은 강력한 드라이브로서 동기를 유발합니다. 사춘기의 무모한 충동과는 달리 합리적 충동이 마음에 새로운 바람몰이를 합니다. 그 바람 속에서 정반대의 자기 모습을 발견하고 놀랍니다. 내가 아니라고 한 것들은 나의 중요한 구성요소였습니다. '나도 누군가와 함께하고 싶었구나.' '나도 결혼하고 싶어 했구나.' '나는 왜 나에게 정직하지 못했을까?' 새로운 발견은 새로운 길로 여행을 떠나라는 신호입니다. 두려움과 함께할 용의가 있다면 모험은 항상 신나는 일입니다.

당신은 강압적인 계부가 지배하는 불안정한 환경에서 어린 시절을 보냈습니다. 재혼한 엄마를 원망했습니다. 엄마도 신중하게 결정한 재혼이었으나 불행했습니다. 폭력적인 친부를 피했더니 강압적인 계부가 나타난 겁니다. 당신은 엄마를 동정했습니다. 결혼제도를 불신했습니다. 차라리 태어나지 않았더라면 이런 구질구질한 걱정은 없었을 텐데. 당신에게 출생은 불행의 악순환이었습니다. 당신은 결혼한 여성을 동정했고 그들의 행복보다는 불행이 항상 더 크게 보였습니다. "그러니까 엄마는 결혼하지 말았어야지."

엄마는 세상을 떠났고, 당신은 고등학교를 졸업하자마자 취업해서 계부를 피해 집을 나왔습니다. 그리고 다짐했습니다. "나는 혼자 살겠다." 직장에서 남자 동료들에게 동성처럼 대했고, 그들과의 경쟁을 즐겼습니다. 당신은 업무 능력으로 평가받기를 원했습니다. 꿈 같은 이삼십 대를 보내면서 단 한 번도 데이트를 하지 않았고, 이성을 좋아하지도 않았습니다. 우울하고 허전하면 여행으로 마음을 달랬습니다.

자기의 초월 기능은 자아 의지를 넘는 것으로 인생의 갱신이 필요할 때 혜성같이 나타나 의식을 흔드는 원형의 힘입니다. 그 힘은 겉으로는 달라 보이지 않아도 속으로는 크게 변하는 일을 해놓고 갑니다. 없는 줄로 알았던 '성적 욕망'이 살아나는 것은 중요한 징표입니다. 삶의 변환기에 강렬한 소망은 성적 통로로 표출됩니다.

3세 전후의 아동은 자신의 성기가 다름을 확인하면서 최초로 성 정체성을 가집니다. 청소년은 생물학적으로 성 기능이 완성됩니다. 강력한 성욕이 이성과 교제하게 하고 역동적 삶의 소망을 가지게 합니다. 중년에는 새롭고 낯선 사람에 대한 성적 호기심이 생깁니다. 여기서 성적 욕망에 가려진 더 큰 욕망은 마음의 성장입니다. 이상형의 이성을 넘어선, 보다 큰 존재인 신 또는 우주와 연합하려는 본능이 황홀한 성적 환상을 불러일으킵니다.

결혼하고 싶은 욕망에 가려진 당신의 더 큰 욕망은 의식과 무의식의 결혼, 즉 마음의 성장입니다. 당신에게 맞는 남성을 만나 연애를 해도 좋고 결혼을 해도 좋습니다. 그 남성은 당신 안의 무의식적 요소를 일깨워줍니다. 나이 오십에는 먼저 자신과 결혼해야 합니다. 그래야 이상과 현실이 조화된 배우자를 만날 가능성이 높습니다. 결혼의 환상도 현실로 내려놓을 수 있어서 행복해집니다. 혹시 사춘기 소녀의 이상적 결혼을 꿈꾸는 것은 아니지요? 그때는 그런 꿈을 꾸지 못했으니 지금이라도 그런 경험은 필요합니다.

인간관계를 잘하고 싶은 생각도 든다고 했습니다. 내 인생에서 후순위로 밀려난 것이 우선으로 올라앉은 겁니다. 중년에는 관계를 위한 관계가 얼마나 허무한지 배웁니다. 외로우니 유독 인간관계에 집착하는 사람들도 있습니다. 그들은 여기저기 사람을 찾아다니다가 결국 세상에서 가장 진실한 친구는 바로 자기 안에 있음을 알게 됩니다. 자기 안의 진실한 친구를 만나야 밖에서의 인간관계에도 상처받지 않고 진실한 관계를 유지할 수 있습니다.

사람은 나이가 들수록 혼자입니다. 외롭고 허전해 어망을 관리하듯 맺은 인간관계, 다 경조사 친구로 전락합니다. 화환이나 경조사 봉투 몇 개 더 받았다고 잘 살아온 것이 절대 아닙니다. 그것에 집착하여 내면의 친구를 발견하지 못하면 황혼으로 갈수록 외롭고 불안합니다. 아니면 지극히 본능에 충실한 노인이 됩니다. 그들은 여전히 맛난 음식과 인정을 탐합니다. 만일 그 상태로 다음 생에 다시 태어난다면 어떨까요? 거기서부터 시작하지 않겠습니까. 원형은 사람을 성장으로 안내합니다. 당신 안의 낯선 생각과 감정은 성장의 방향을 말해줍니다.

## 마음속 엄마의 메시지를 자기화하기

　엄마의 힘은 셉니다. 엄마는 세상을 떠나도 그 힘은 자식의 무의식에 남습니다. 자식은 생애 전반기를 그 힘으로 삽니다. 당신은 그 힘으로 인생을 설계했고, 실천했고, 직업여성으로서 자리를 잡았습니다. 지인들은 당신의 자유를 부러워합니다. 결혼한 그들은 망설이는 결정을 당신은 쉽게 내리고 실천하니 부럽지 않을 수 없습니다. 정작 당신은 자유롭지 못했습니다. 엄마의 금언에서 나오지 못하고 있습니다.

　당신 마음속 엄마의 메시지입니다. "남자를 믿지 마. 세상을 믿지 마." 엄마는 딸을 위해 자신의 신념을 딸의 것으로 만드는 모신母神입니다. 딸은 그 힘으로 반평생을 삽니다. 딸은 서서히 엄마 힘이 아닌 자기 힘을 인식하기 시작합니다. 그러다 중년이 되면 자기로 살려고 그 힘이 반란을 일으킵니다. 이를 사추기라고 합니다. 지금은 엄마의 힘과 안녕할 때입니다. 그 상징으로 결혼이 하고 싶어지고 인간관계가 그리워지는 겁니다. 이는 엄마의 금기를 깨는 겁니다.

　누구나 중년에는 엄마의 메시지를 자신에게 맞게 걸러내야 합니다. "세상에는 믿을 만한 사람이 많아. 인생은 함께하는 거야." 이런 변화가 성욕으로 나타났습니다. 성욕은 타자와 하나 되고 인류의 대열에 참여하려는 욕망입니다. 경계를 풀어야 합니다. 세상을 적으로 보고 무장한 무기를 해제해야 합니다. 내 것을 찾겠다는 다짐이 서면 친절한 원형은 전폭적 지지를 합니다.

원형은 현존재를 자각하게 합니다. 세상은 지금까지의 나를 받아 줬는데 내가 세상을 받아주지 못할 이유가 어디 있습니까. 세상은 사람들이 자기를 대하는 방식으로 반응합니다. 세상을 신뢰하면 세상도 그를 신뢰할 것이요, 세상을 불신하면 세상도 그를 불신할 것입니다. 지금은 불신에서 벗어나 신뢰를 배워야 할 때입니다. 결혼과 인간관계는 그다음 순서입니다.

예를 들어보겠습니다. 당신은 계부를 용서하지 않았습니다. 계부는 모녀에게 불행을 줬고, 엄마가 일찍 세상을 떠난 원인을 일정 부분 제공했습니다. 당신이 고등학교를 졸업하자마자 집을 나가게 한 계부를 어떻게 용서하겠습니까. 당신이 계부를 용서하지 않는 한, 당신 마음속의 계부도 당신을 용서하지 않습니다. 둘은 마음속에서 전쟁을 합니다. 그것이 세상으로 투사되어 세상도 전쟁터가 됩니다. 둘의 전투로 당신의 마음은 점점 피폐해지고 좁아져서 당신은 거기서 숨조차 크게 쉴 수 없게 됩니다.

용서는 어렵습니다. 계부를 용서하란 말은 차마 못 하겠습니다. 당신에게 너무 잔인한 도덕률입니다. "계부는 계부의 아버지와 똑같은 사람입니다. 어떻게 그렇게 당하고도 같은 사람이 될 수 있습니까?" 그래서 당신은 계부를 증오했지만, 그렇기 때문에 계부를 이해하는 일도 가능하지 않을까요. 계부는 친부에게 당한 강압을 당신 모녀에게, 그리고 세상에 재연하고 있었습니다. 계부에게는 정서적으로 기댈 언덕이 없었습니다. 당신이 계부를 사랑하지는 못해도 계부의 처지를 이해한다면 증오와 분노 정도는 가라앉을 것입니다. 중년 이전이라면 불가능하지만 중년 이후에는 이런 내면의 갱신이 꼭 필요합니다.

그래도 당신은 엄마가 곁에 있었습니다. 계부 곁에는 엄마도 없었습니다. 당신이 계부를 이해한다면, 내면의 계부도 당신을 이해하고 어루만져줄 것입니다. 둘은 화해할 것이고, 당신은 계부가 만든 올무에서 벗어날 것입니다. 더 나아가 계부를 불쌍히 여기는 마음도 든다면, 당신은 너그러운 마음을 가질 수 있습니다. 계부에 대한 인식의 변화는 세상에 대한 인식을 바꾸어놓습니다. 우리가 원수를 사랑하는 것은 원수가 아니라, 자기를 위해서입니다. 왜냐하면 원수도 내 안에 있는 나의 일부이기 때문입니다. 당신의 원형은 당신을 여기에 데려다 놓았습니다.

---

### 내 삶에 적용하는 Q&A

**Q.** 반평생 남성을 사랑해본 적 없는데, 결혼하고 싶고 성적 욕망도 살아나기 시작했습니다.

**A.** 삶의 변환기에 강렬한 소망은 성적 통로로 표출됩니다. 결혼하고 싶은 욕망, 성적 욕망에 가려진 더 큰 욕망은 마음의 성장입니다. 먼저 자신을 정비해야 할 시기입니다.

## 성은 삶의 에너지

첫 시간에는 프로이트를 오리엔테이션으로 배우는 시간을 가졌다. 그의 성 sexuality 이론이 어떻게 우리들의 삶에 다양한 방식으로 표현되는지 탐색했다. 말하자면 어디 가서 쉽게 말하기 어려운 '성'을 터놓고 노골적으로 다루었다.

수업 후에 한 여성이 준 피드백이다. "성이 이렇게 다양한 모습으로 영향을 끼치고 있다는 것을 몰랐어요. 저는 지금까지 그건 별거 아니라고 여기며 살아왔어요."

그 분은 삶의 힘을 알고 있었다. 다만 그 힘의 근원이 성 에너지였다는 것을 몰랐을 뿐이다. 최근에 한학을 공부하기 시작한 분께 들은 말이다. 공자는 이렇게 말했다고 한다. "자신의 도덕적 능력을 세우려는 욕구가 성욕만큼 강한 사람을 보지 못했다." (子曰 吾未見好德 如好色者也, 《논어》〈자한〉, 17장)

B.C. 500년대에 이미 공자가 한 말을, 그로부터 2,400년이 지난 1900년대에 프로이트가 심리학으로 다듬었으나 당시 서구 사회는 불경하다고 비난을 퍼부

었다. 이해할 만하다. 집단문화에서 형성된 초자아는 '성'을 밤의 비밀로만 두기를 원한다.

집단 페르소나는 너무나 당연한 죽음 이야기를 금기시하는 것처럼, 너무나 당연한 성 이야기도 금기시한다. 성Eros과 죽음Thanatos은 인간의 이중본능이라고 서구 기독교 사회에 선언한 프로이트는 용기가 있었다. 그는 어둠에 갇힌 '성'을 밝은 대낮으로 해방시켜 신경증을 치료했고 인간이 성을 다루는 방향성을 제시했다.

# 하늘 구름을 타고
# 다녔습니다

저는 학창 시절에 《우파니샤드》, 《바가바드 기타》, 그 밖에 인도 현자들의
책을 애독했습니다. 대학 졸업 후에는 사회생활에 적응하느라 그것들에
대한 관심을 잠깐 접어뒀죠. 그래서인지 남녀를 불문하고 어떤 사람을 만
나든지 거의 다 수준 아래로 보였습니다. 저는 제가 읽은 현자들의 글을
머리로만 알았지 저의 경험으로 연결하지 않았다는 것을 잘 압니다. 그런
데 여러 사람을 만나보니 머리로라도 깨달음을 이해한 사람은 아주 드물
었습니다.

직장동료, 남편 친구 부부, 아이들 자모 모임 등 인간관계가 확장되자, 제
가 보통 사람하고는 다르다는 것을 알게 됐습니다. '왜 사람들은 유치한
것들을 삶의 목적으로 할까?' 저는 고립됐습니다. 제 안에도 세속적 욕망

은 가득 차 있는데 말입니다. "내가 정상인가?" 아이들을 키우면서, 어린 시절의 애정 결핍이 사소한 친절 하나도 실천에 옮기지 못하게 하여 초월적인 것에 대한 동경으로 전이된 것은 아닌가 하는 의문이 들었습니다. 도대체 저는 어떤 사람인지요?

## 무의식의 문자들은 언젠가 삶을 변화시킨다

애정 결핍과 초월적인 것은 별개가 아닙니다. 많은 현자들은 불우한 환경에서 태어나 애정 결핍을 스스로 짊어졌고, 모성 갈망이 초월자에 대한 남다른 갈망으로 이어져 어둡고 긴 터널을 거쳐 빛으로 나왔습니다.

부모님이 밖에서 장사하시다 보니 많은 시간을 혼자 보내왔던 당신은 외로웠습니다. 엄마가 옆에 있어줬으면 좋으련만 채워지지 않는 갈망으로 아동기를 보냈습니다. 당신의 벗은 학교 친구가 아니었습니다. 그들은 다 놀기 좋아하고 책 읽기 싫어하고 장난치기 좋아하는 철없는 아이였습니다. 당신은 책을 벗으로 삼았습니다. 책은 당신의 지적 수준을 높여줬고, 친구들과 어울리지 못하는 것의 변명도 해주었습니다. 당신의 차별성은 그렇게 시작됐습니다.

당신은 고등학교 때부터 종교 경전을 육법전서를 탐독하듯 읽었습니다. 무슨 말인지 이해할 수 없었으나 문자에 집중하면서 이상하게 마음의 평안을 얻었습니다. '나는 비구니나 수녀가 되어야 할 팔자가 아닌가' 하는 생각이 들 정도로 말입니다. 어려운 경전의 자구는 가까이 하긴 너무 어려운 엄마였습니다. 당신은 경전의 심오한 의미와 경험보다는 경전의 자구가 필요했습니다. 마음에 위로를 주는 엄마를 책을 펼치면 만날 수 있는 자구에서 찾았던 겁니다. 여기서 '문자'는 엄마로서 기능합니다. 사람은 대개 책에 빠져 잃어버렸던 모성을 건져냅니다.

내게 모성을 제공하는 책이면 다 양서입니다. 생텍쥐페리의《어린 왕자》가 청소년 필독서라고 해도 집중해서 읽을 수 없다면 무관심한 엄마입니다. 사실 청소년이 이해하기 어려운《어린 왕자》는 그들의 무관심한 엄마 상이 투사되기에 딱 좋은 책입니다. 잘 읽히고 이해하는 책이어야 따뜻한 모유가 됩니다. 당신이 읽은 딱딱한 책은 가깝고도 먼 엄마였으나, 그런 엄마가 옆에 있었기에 위로받을 수 있었습니다.

눈이 문자에 고정되자 문자 하나하나가 당신의 마음을 사로잡았습니다. 당신은 외로운 현실을 피해 상상의 나라에 가닿았습니다. 어떤 때는 단어 하나가, 문장 하나가, 가슴을 찡하게 울려 진리를 깨달은 기쁨에 빠지곤 했습니다. 긴 독서 시간 중에 아주 짧은 시간, 그 강렬한 체험이 당신을 경전에 몰두하게 했습니다. 그 강렬함은 강렬한 모성이었습니다. 한편 그 강렬한 체험으로 인해 또래 친구들이 다 유치해 보였습니다.

당신의 유토피아에서, 당신은 밖의 세계를 조소했습니다. 유토피아는 그리운 엄마의 자궁입니다. 이 세상에 없는 곳입니다. 엄마의 자궁은 나이와 상관없이 피곤하고 지친 사람을 유혹합니다. 그들은 '나오고 싶지 않은 쉴 곳'을 찾습니다. 당신은 전쟁터 같은 삶이 싫었습니다. 좋은 직장에 있으면서도 즐기지 못했습니다. 마음은 저 하늘 구름 위에 가 있었습니다. 이제는 변화가 필요하다는 절실함에서 예전에 읽던 책을 다시 꺼내 들었습니다. 그때는 안 보이던 것, 이 경구가 어떻게 당신 삶에 적용될 수 있는지가 조금은 보였습니다. 무의식에 비축된 것들은 언젠가는 의식으로 나와 그 의미를 삶으로 밝힙니다.

## 결핍을 채우고 자기가 되는 길

아이를 키우면서 당신이 깨달은 바, 모성 결핍은 초월자 전이로 나타납니다. 엄마에 대한 강렬한 그리움이 엄마보다 더 큰 엄마인 초월자로 전이됩니다. 자녀를 특정 종교의 수도단체에 보내는 것을 영광으로 여기던 때가 있었습니다. 어린 수도사는 엄마에 대한 애정을 초월자에 대한 애정으로 전이시킵니다. 그렇게 해서 대오각성하는 경우도 있지만, 애정결핍으로 신경증에 걸려 고통받는 경우도 있습니다.

'그럼 내가 그토록 갈망한 초월자가 단지 모성 결핍의 대체였단 말인가? 그동안 허송세월하였나?' 사람의 길은 여러 갈래입니다. 직선은 단숨에 목적지에 이르나, 경험의 다양성이 없기에 좋지만은 않습니다. 곡선, 점선, 심지어 선이 없는 길도 가야 할 때가 있습니다. 모성이 결핍됐다고 누구나 지적인 사람이 되는 것은 아닙니다. 어떤 사람은 의존성 인격이 되고, 또 어떤 사람은 일로 도망갔다가 일 중독자가 되기도 합니다. 모성을 대신하는 중독물질에 빠져 중독자가 되기도 합니다. 책에 몰두한 당신은 매우 현명한 선택을 했습니다.

그 덕에 공부 잘하는 학생이 됐고, 좋은 대학에 들어갔고, 남들이 부러워하는 공기업체에 들어갔습니다. 그러지 못했더라면 당신은 은둔형 외톨이가 됐을 가능성이 큽니다. 하지만 사회적 성취와는 다른 당신의 불만족, 이 괴리감을 채울 때가 왔습니다. 옛날에 읽었던 경전의 자구를 소화해 당신만의 피와 살로 만들어야 합니다. 당신은 구름에서 내려와 진흙탕에 몸을 뒹굴 준비를 해야 합니다. 진흙탕에서 연꽃이 피고, 거기에는 해로운 세균을 박멸하는 박테리아도 있습니다.

몸에 흙먼지 묻힐 각오를 하면 현실이 두렵지 않습니다. 당신은 흙먼지 날리는 광야로 가서야 합니다. 우아한 척을 버리고, 사람들과 함께하는 법을 익혀야 합니다. 실수하고 미움받고 비난받아도 괜찮습니다. 내 것으로 알고 있었던 것, 그것들이 내 것이 아니었다는 것만 알아도 당신은 떠다니는 것만 같던 하늘에서 거친 땅으로 발을 내디딘 겁니다.

제가 경험한 내담자들 중 영적인 것을 삶의 우선으로 추구하는 사람들은 대략 10퍼센트 정도는 되는 것 같습니다. 그들은 청소년기에 이미 책으로, 자연에서, 경구에서, 기타 다양한 통로로 특별한 경험을 했습니다. 그들은 너무 일찍 삶의 헛됨을 알았습니다. 영적인 사람은 물질에 욕망이 없기에 세상일에는 실패하는 경우가 더 많은 것 같습니다. 그리고 그 실패로 마음은 더 단단해집니다.

"결과를 기대하지 않는 행위의 길을 통해 머지않아 브라만에 도달할 것이다."《바가바드 기타》의 이 구절이 오래전에 당신을 치유했습니다. 당신은 가난과 애정 결핍의 이중고를 이겨내려면 뭐든 잘해야 했습니다. 그래야 선생님의 인정을 받고 친구들에게도 무시당하지 않는다고 생각했습니다. 당신은 강박적으로 공부했습니다. 좋은 결과를 부모에게 보여드렸습니다. 당신은 결과에 연연했으나, 결과로부터 초탈하고 싶은 소망으로 저 경구를 마음에 담았습니다. 그런데 지금은 이 경구가 전과는 다르게 가슴에 다가옵니다. "그래, 뭐든 부딪쳐보자. 좀 더 적극적으로 현실에 참여해보자. 안 하던 것들을 해보자. 결과를 기대하지 않으면 실패가 두려울 이유가 없다."

경구에는 원형을 일깨우는 강한 힘이 있습니다. 그것의 의미를 모르더라도 반복해서 외는 것은 무의식에 축적돼 언젠가는 의식적인 것이 됩니다. 그런 이유로 좋은 기도문은 계속 암송되는 겁니다.

일찍 영적 세계에 눈을 뜬 사람은 이 세상에서 외롭습니다. 그들은 영적 세계에 더 몰입함으로써 외로움을 이깁니다. 몰입해서 얻은 것을 통해 세상의 빛과 소금이 됩니다.

## 내 삶에 적용하는 Q&A

**Q.** 보통 사람들이 추구하는 가치나 삶의 목적이 유치하게 느껴집니다. 이런 제가 사람들 속에 녹아들 수 있을까요?

**A.** 어린 시절 애정 결핍이 초월적 전이로 나타났습니다. 영적인 것을 추구하며 많은 것을 깨달았다면, 이제는 현실에서 부딪치며 그 가치를 삶에 녹여낼 차례입니다.

## 자신의 무의식과 대면하기

에밀리 브론테의 《폭풍의 언덕》은 인간 무의식에 가장 깊이 접촉해서 나온 문학작품이다. 주인공 히스클리프가 언덕 위의 집을 사기까지의 긴 과정은, 사람이 자신의 무의식과 대면하여 마침내 참자기를 발견하는 과정을 그리고 있다. 융 심리학에서는 이를 개성화individuation(집단의식에서 나와 참된 자기가 되는 것)라고 한다.

먼저 친부 이상으로 히스클리프를 돌봐준 양부 언쇼가 죽는다. 그리고 그의 어머니 같은 연인 캐서린이 죽는다. 둘의 죽음은 히스클리프에게 있어 익숙한 것에서 분리하는 성장이다. 한 사람의 온전한 성장은 내면화되고 의존한 부모와 연인이 죽어야 가능하다. 그때 비로소 천상천하 유아독존의 자유인이 된다. 그렇지 않으면 그 표상에 감정으로 얽혀 성장은 멈춘다. 소설은 히스클리프가 둘을 떠나보내고 그 집의 주인이 되는 것, 즉 자기 자신이 되는 것으로 끝난다.

그렇다면 저자 에밀리 브론테는 개성화를 달성한 사람인가? 그것은 별개의 문제다. 삶의 의미와 목적을 이해한 것과 사는 것은 다르다. 융은 말했다. "의식적인 개개인이 그들 스스로 그것을 살아내지 않고는 개성화 과정 같은 것은 있을 수 없다."

톨스토이, 도스토옙스키, 카뮈 등 뛰어난 소설가는 인간의 무의식을 깊이 있게 대면했다. 그리고 그것을 문학적인 언어로 표현했다. 그렇다고 해도 삶에서 드러나는 자기 인식이 없이는 개성화를 이루기 어렵다. 개성화는 곧 그 사람 '개인'이다. 톨스토이의 말년 유랑 생활은 자신의 무의식과 깊이 있게 대면하여 참 자기를 찾는 개성화 과정이었다.

사람들은 다양한 방향에서 각자의 길을 가기에 개성화 정도를 평가하는 일은 무의미하고 어리석기도 하다. 그래도 평가할 수 있는 하나의 기준은 있다. 서로 다른 두 대극을 인격 안에서 얼마나 통합하고 있는가를 살피는 것이다.

선과 악, 빛과 어두움, 삶과 죽음과 같은 서로 다른 두 개를 분리하지 않고 하나의 줄로 연결할 수 있는가? 자신 안에서 빛과 어두움 모두를 인식한 사람은 세상을 빛과 어두움으로 나누고, 하나는 취하고 다른 하나는 취하지 않는 일을 하지 않는다. 빛과 어두움 모두가 사람의 길을 밝힌다.

자유를

찾은

이들의 이야기

# 작은 꿈을 포기하니
# 큰 꿈이 이루어졌다

제가 발견한 인생의 가치는 포기였습니다. 처음으로 가진 꿈을 포기했습니다. 그리고 인생에서 정말 중요한 나만의 꿈을 다시 가졌습니다. 새로운 꿈을 가지니 이전에 가졌던 꿈이 사소하게 여겨졌습니다. 예전에는 꿈을 인생의 목적으로 삼다가, 꿈을 이루지 못했다고 인생 전체를 잃어버렸다고 생각했습니다. 제가 얼마나 어리석었는지요. 지금부터는 포기의 미덕에 대하여 말씀드리겠습니다.

### 기대를 내려놓을수록 행복해진다

남편은 A대학교 L학과를 졸업해서 올해로 15년째 고시 준비 중입니다. 일 년만 더, 일 년만 더 하던 것이 그만 15년이 됐습니다. 접자니 15년이 아깝고 계속하자니 사람 꼴이 말이 아닙니다. 남편이 전화했습니다. "여보, 오늘 저녁 늦나. 아이 피자라도 주문해줘." 저는 핸드폰에 저장된 단골 피자집 전화번호를 눌렀습니다. "이것까지 꼭 내가 해야 하나?" 이날따라 화가 많이 났습니다.

A대학교 L학과. 제가 남편에게 반한 것은 이것 때문이었습니다. 결혼해 살아보니 남편이 가진 유일한 것이었습니다. 이혼하려 했으나 이것 때문에 결혼한 자신을 배신하는 것 같아서 못했습니다. 남편이 고시 준비를 일 년 더 일 년 더 하는 것처럼, 저도 그렇게 이혼을 계속 미루다가 15년이 흘렀습니다. 남편의 고시 준비는 세상에 대한 일종의 도피임을 아이가 초등학교에 입학하면서야 비로소 알게 됐습니다. 말이 고시 준비지 가사와 아이 양육을 그저 즐기는 것만 같았습니다. 남편이 고시를 포기하니 저도 남편을 포기하게 되더군요.

A대학교 L학과는 남편의 소원이었습니다. 남편은 소원을 성취했습니다. 그런 남편과 결혼한 저의 소원도 성취됐다고 봐야죠. 저는 큰 소원 하나 성취했으니 이제부터는 덤으로 사는 인생으로 하자고 했습니다. 덤으로 사는 인생은 인생 그 자체가 목적입니다. 다른 목적을 두면 덤이 아니라 의무가 됩니다. 인생을 의무처럼 살다가 덤으로의 인생을 즐기지 못하고, 지금도 의무에 허덕이는 사람들이 얼마나 많습니까.

그놈의 '남편 사법고시 합격'의 희망을 버리니 마음은 한결 가벼워졌습니다. 그러다가도 내가 끌어안아야 할 가족부양의 의무를 생각하면 부담이 됐습니다. 외로워졌습니다. 저는 '왜? 그냥 남편이 없다고 하면 어떨까? 그래, 남편을 포기하자' 하고 결심했습니다. 그러고 나니 마음에 여유가 좀 생겼습니다. 애간장을 태우던 15년이 조금은 보상받은 느낌입니다. 역시 기대는 내려놓을수록 행복해지더군요.

남편을 포기하니 오히려 남편에 대한 분노와 원망이 많이 사라졌습니다. 판사나 검사, 그리고 전관예우로 많은 돈을 버는 변호사 아내에 대한 기대를 버리는 일은 괴로웠습니다. 다 포기하고 나니 내 인생이 보였습니다. "나도 열심히 살고 있잖아. 중소기업에 다니지만 오래 일할 수 있는 조건이잖아. 그런 내가 남편에 기대어 덤으로나 인생을 살려고 했단 말이야." 저는 제가 똑똑한 여자인 줄로만 알았지만, 15년의 세월이 흐른 뒤에야 온전한 나로 돌아올 수 있었습니다. 남편과 분리된 저를 봤습니다.

타인과 비교하거나 기대하지 않으니 새로운 것이 보였습니다. 각자의 인생에는 커다란 흐름이 있었던 겁니다. 우리의 책임은 각자의 흐름을 타고 각자가 가야 할 곳으로 가면 됩니다. 부부도 지향점이 같지 않습니다. 함께 그러나 각자가 가야 할 곳으로 갑니다. 다른 부부와 비교할 수 없는 부부의 고유한 관계 방식은 각자의 길을 재촉하는 일종의 에너지입니다. 한강을 압록강으로 흐르게 할 수는 없습니다. 각자의 흐름을 방해하는 것은 나이지, 환경이 아님을 저는 깨달았습니다.

## 깨달음은 소멸하지 않는다

살면서 경험하는 것들은 내적 태도를 갱신시키는 선물입니다. 배우자는 가장 가깝고도 어려운 인생의 텍스트라는데, 저는 텍스트의 소중함을 배웠습니다. 아직 다는 아니지만 남편에 대한 원망이 줄었습니다. 제가 다 놀랄 정도입니다. 그러다가 현실적인 문제로 돌아오면 제 신세를 원망하다가 다시 마음의 평정을 찾곤 합니다. 저도 한때는 교만이 하늘을 찌르던 사람이었습니다. 지금은 겸손하지 않을 수가 없습니다. 겸손은 허리를 굽신거리는 것이 아니라 있는 것을 있는 그대로 받아들이는 것을 의미했습니다.

자족을 배우니 세상에 불행한 부부는 없었습니다. 집단이 정해준 기준에 따라 행복이나 불행을 측정하고 있으니 얼마나 어리석은 짓인지요. 저의 변화를 첫 번째로 눈치챈 사람은 남편입니다. 저의 짜증과 잔소리에 남편이 맞불을 놓으면서 벌였던 부부싸움이 얼마나 잦았는지요. 그런 일이 점점 줄어들고 있습니다. 우리 눈치를 보던 아이도 정서적으로 안정되기 시작했습니다.

중장기 심리분석을 받으면서, 저는 현재의 나는 내가 원해서 만든 것임을 알게 됐습니다. 그래서 후회하자는 것이 아닙니다. 내가 나에게 만든 것은 다 그만한 이유가 있어서 그렇습니다. 그만한 이유가 무엇인지 알면, 내가 나를 사랑하는 마음의 여유가 생깁니다. 더불어 내 인생을 평가할 사람은 오직 나뿐임을 알게 됩니다. 이렇게 자기와 화해하니 타인과도 자연스럽게 화해하게 됐습니다. 직장 동료를 비롯한 그 밖의 다양한 인간관계가 이전보다 훨씬 편해졌습니다. 남편의 고시 준비 15년이 저에게 준 인생 선물입니다.

고시 합격의 부귀영화는 한 생으로 끝납니다. 그러나 힘들게 얻은 인생의 귀한 교훈은 죽음 이후에도 가지고 갑니다. 삶은 영원하기에 지금 깨달은 것은 소멸하지 않고 계속 이어지기 때문입니다. 저에게 배움의 기회를 준 남편에게 고마운 마음이 듭니다. 그러나 다시 일상으로 돌아가면 남편이 미울 때도 많습니다. 저는 천사가 아니고, 현실은 현실입니다.

저는 남편을 미워하는 저 자신을 미워하기도 했습니다. 그런 저에게 또 다른 변화가 왔습니다. 누군가를 미워하는 저를 미워하지 않고 이해하게 됐습니다. 남편을 미워하는 제 상황을 이해하니 남편이 미워도 아주 밉지는 않았습니다. '내 안의 미움'을 억압하는 수고를 하지 않아도 되니 몸과 마음이 가벼워졌습니다. 그 덕으로 숙면을 하게 됐습니다. 미움이 삶의 활력소와 추진력으로도 사용되는 것을 알았습니다.

저는 남편에게 말했습니다. "작은 꿈을 버리고 큰 꿈을 갖게 해줘서 고마워." 남편은 제 말에 영문을 모르겠다는 반응이었습니다. 또 다른 변화가 있었습니다. 제가 남편을 포기하니 남편도 저를 포기한 건지 구직광고를 찾고 있었습니다. 남편도 저의 고집스러운 욕망에 피곤했을 겁니다. 그 나이에 어떤 일이라도 하려면 'A대학교 L학과' 간판을 내려놔야 합니다. 그것은 남편의 몫입니다. 모든 변화는 나로부터 시작합니다. 심지어 내가 변하면 우주도 변한다는 말이 있더군요.

# 행복과 불행은
## 생각하기 나름이다

누구는 아파트 값 폭등으로 두 배의 이익을 챙겼는데, 반대로 저는 그만큼의 손실을 봤습니다. 저는 우울증과 공황장애가 왔고 수면장애가 생겼습니다. 몇 년이 지나서야 금전적 손실을 보상할 만한 것을 발견했습니다. 저의 이야기를 들어보세요.

### 불행이 오는 이유

저희는 강남에 있는 아파트 한 채가 거의 유일한 재산이었습니다. 그것은 저의 멋진 자존감이기도 했습니다. 이제는 부동산으로 돈 버는 시대는 지났다 하여 남편이 그 집을 팔자고 했습니다. 남편이

다 알아서 하는 일이라 여기다가 엉겁결에 아파트를 팔았습니다. 1년이 지났을까. 그 단지가 재개발 지역으로 선정되면서 2년 사이에 아파트값이 두 배로 껑충 뛰었습니다. 한국에서만 있는 희귀 현상이 저의 마음을 다 긁어놓았습니다. 당해보지 않은 사람은 모릅니다. 제 속을 더 타게 한 것은 남편은 그럴 수도 있지 하며 태연해했다는 겁니다.

저는 부동산 애플리케이션으로 오른 집값을 수시로 점검하며 제 속에 불을 질렀습니다. 우리 살림으로는 다시는 강남에 진입할 수가 없었습니다. 일생일대의 돌이킬 수 없는 실수를 저질렀습니다. 매일매일 같은 생각을 떠올리며 괴로워했습니다. 잠을 청할 수 없었습니다. 우울증이 왔습니다. 공황장애 증상도 왔습니다. 수면 유도제를 먹어도 선잠을 잤습니다.

어떻게든지 이 괴로움에서 빠져나와야 했습니다. 제 머릿속에는 같은 질문이 계속 떠돌아다녔습니다. '돈이 중요한가, 가치가 중요한가?' 돈보다 삶의 가치가 더 중요하다고 하면 잠깐 마음에 평온이 찾아옵니다. 돈은 공부한다고 벌리는 것은 아니지만, 가치관은 공부하면 벌리는 것 같았습니다. 그러다가 머릿속에서 다른 말이 나왔습니다. "무슨 말이야. 둘 다 있으면 좋잖아. 너는 그럴 수도 있었잖아. 바보같이…." 이렇게 제 머릿속은 요지경이 됩니다.

불경에 나오는 이야기입니다. 남녀가 커플로 모여 흥겨운 술판을 벌였습니다. 모두 술에 취해 곯아떨어졌습니다. 그중 한 여인이 남성들이 소지한 보석을 모두 훔쳐 달아났습니다. 이를 뒤늦게 안 남자들은 그 여성을 추격하다 부처를 만났습니다. 부처가 물었습니다. "보석이 중요한가, 자기가 중요한가?" 잠시 생각에 잠긴 그들은 자기가 중요하다고 했습니다. 그들은 크게 깨닫고 돌아갔다 합니다.

술에 취한 남성들은 술로 자기를 잃었습니다. 그들이 되찾아야 할 것은 자기입니다. 잃은 돈을 찾아봐야 그 돈으로 술을 마셔 자기를 잃는 일은 또 벌어집니다. '돈보다 자기가 중요하다.' 돈은 마음먹은 대로 안 되지만 자기는 마음먹기 마련입니다. 현자는 돈을 버리고 자기를 찾아 삶의 고뇌로부터 해방됐습니다. 그래도 생각이 꼬리에 꼬리를 물고 머릿속에서 빙빙 돕니다. '무슨 말이야. 돈도 있으면 더 좋잖아.' 다시 본래의 자리로 돌아갑니다. 그리고 남편을 미워합니다. 제가 미치는 줄 알았습니다.

저를 이 구덩이에서 건져줄 것은 돈, 아니면 그 돈을 능가하는 가치관이었습니다. 전자는 불가능합니다. 남편은 말이 사업가이지 가져다 주는 돈은 안정적인 월급쟁이만도 못합니다. 돈을 능가하는 가치관만이 저를 구원해줄 것이었습니다. 눈에 보이는 것들에 대한 가치관, 그것들의 대대적인 수정이 필요했습니다. 그렇게만 된다면 저는 세상을 초연한 행복을 누릴 수 있을 것 같았습니다.

저는 기독교인입니다. 도대체 저에게 신앙은 무엇인지, 이번에 적나라하게 드러났습니다. 저는 반사적으로 하나님께 제 욕망을 기도했습니다. 복권이라도 당첨되어 잃은 돈을 보상해달라는 겁니다. 그래서 40일 작정 새벽기도를 드렸습니다. 작정 마지막 날, 하나님은 영이신데 날마다 찬송을 부르는 제가 하나님께 돈이나 달라고 하는 꼴이 우습고 부끄러웠습니다. 이게 내가 가진 신앙의 민낯이구나. 사람들이 신에게 구하는 것은 다 이런 식이구나. 새벽 조용한 시간에 여기저기서 들리는 통성기도는 '주시옵소서'였습니다. 작정 기도에서 제가 얻은 것은 복권 당첨번호가 아니었습니다. 하나님을 욕망 추구의 대상으로 삼는 인간의 부끄러운 이기적 욕망에 대한 자각이었습니다.

불행은 눈에 보이는 것들에 절대적인 가치를 부여해서 옵니다. 내 몸도 언젠가는 땅속으로 썩어 흙이 됩니다. 내 몸이 더 비싼 지역의 콘크리트 덩어리에 잠시 있다고 해서 행복이고, 그렇지 않다고 해서 불행이란 말입니까? 나란 존재를 위치에 따라 가치가 결정되는 콘크리트 덩어리에 비교나 하고 있으니 이게 말이나 되겠습니까. 만물의 영장이라고요. 생각하는 갈대라고요. 동물은 그렇게 하지 않습니다. 삶의 어려움은 감긴 눈을 뜨게 하는 하늘이 내린 위대한 은총이었습니다.

## 집착을 버려야 세상이 아름답게 보인다

집값이 좋지 않아 매물로 내놔도 잘 나가지 않던 때에 남편은 이 집을 팔고 공기 좋고 깨끗한 전셋집으로 가자고 했습니다. 저는 제일에 몰두해 있던 때였습니다. 그래도 건축 관련 일을 하는 남편이 나보다는 더 많은 정보를 가지고 있겠지 싶어 저는 별 생각 없이 그러자고 했습니다. 돌아보니 부동산 중개업자는 이미 정보를 알고 있었던 것 같았고 매매를 성사하려고 바람을 넣었던 겁니다.

이것을 어떻게 우연이라 할 수 있겠습니까. 오, 하나님. 저는 돈을 잃었습니다. 그리고 지금은 돈보다 더 중한 가치관이 무엇인지 배우고 있습니다. 하나님은 돈이 인생에 전부인 것처럼 살아온 저를 막다른 코너에 밀어 넣고 각성시키십니다. 그런데 하필이면 왜 저일까요? 저는 아직 돈이 좋습니다. 돈을 더 벌어야 합니다. 그러고 나서 하나님 한 분으로 만족하는 신앙을 배워도 늦지 않습니다. 하나님이 훈련하시는 그 길을 돈과 함께 가면 안 되나요. 크고 무거운 돈 가방을 들고 그 길을 가는 사람도 많지 않습니까. 저에게는 이런 생각들이 있었던 겁니다.

그러자 제 마음 깊은 곳에서 들려오는 소리가 있었습니다. "무겁지 않느냐. 내가 너의 짐을 가볍게 했단다." 저는 뒤통수를 한 대 얻어맞았습니다. 그렇다고 견고히 다져진 제 가치관이 일시에 무너지는 것은 아니었습니다. 눈을 뜨고 밝은 대낮으로 나오면 자동적 사고가 저를 괴롭힙니다. 그 지역으로 가면 최근에 재건축한 고층 아파트가 더 높게 보입니다. '아, 그때 그렇게 하지 않았더라면…'

저는 다시는 그 지역으로 진입할 수 없습니다. 그렇다면 거기서 살 때에 저는 행복했을까요? 거기 산다고 말하는 것이 전부였습니다. 그게 뭐라고. 공기만 안 좋던데. 나로 돌아오면 내가 참 부끄러웠습니다. 그런 유치한 가치관을 가지고 주일이면 성경과 찬송가를 허리에 끼고 교회에 가서 기도합니다. 다 잘되게 해달라고, 무엇이 잘되는 것인 줄도 모르면서 말입니다. 역설적으로 제 기도가 응답받아 저는 지금 더 잘되고 있습니다. 진짜 중요한 가치가 무엇인지 조금씩 알아가고 있으니 말입니다. 감정을 떼어내고 자신을 객관적으로 관찰해봤습니다. 다 기분이 문제이고, 체면이 문제이고, 자존심이 문제였습니다.

저는 근본적인 문제로 돌아왔습니다. '사람은 무엇으로 사는가?' 성경을 다시 읽었고, 불경과 힌두교 경전도 읽었습니다. 전에는 그냥 스쳤던 구절들이 가슴으로 뜨겁게 와닿았습니다. 경구에 몰두하는 일은 저의 유일한 기쁨이요, 치유였습니다. 제가 깨달은 교훈은 세상에 대한 집착을 버려야 세상이 아름답게 보인다는 것이었습니다. 집착 대상을 아름다워하는 사람은 없습니다. 명품에 집착하는 사람, 고가 승용차에 집착하는 사람, 고급 여행에 집착하는 사람, 맛난 음식에 집착하는 사람, 그들은 거기서 아름다움을 발견하지 못합니다. 그것을 버려야 그것의 아름다움을 발견하는데, 그것을 버리기가 어디 쉬운 일입니까. 다들 몇 보따리씩 끼고 살아가는데. 저는 그것들을 버리는 수업을 하고 있습니다. 제 마음속의 소리를 되새김질합니다. "무겁지 않으냐. 내가 너의 짐을 가볍게 했단다."

내적 성장에는 월반이 없습니다. 대한민국 아파트처럼 단번에 두 배나 올라 누구는 가난하게 하고 누구는 돈방석에 앉게 하지 않습니다. 상대적 박탈감으로 다수의 사람을 분노하게 하지 않습니다. 하나씩 차근히 배워야 합니다. 저는 아직도 현실과 진리의 경계선에서 갈팡질팡합니다. 비교의식도 남아 있습니다. 그러나 무엇이 옳은지는 압니다. 지난 3년간의 어두운 밤을 통과한 결과입니다.

저는 우울증 약을 끊었습니다. 수면 유도제를 복용하지 않아도 잠을 청할 수 있게 됐습니다. 재건축한 고층 아파트만 보면 생기는 공황장애 증상도 사라졌습니다. 지금도 자아는 비교라는 잣대를 가지고 와서 저를 시험하곤 합니다. 저는 저에게 채찍질합니다. "버려라. 그리고 사랑하라."

## 내면의 소리와 대화하다

사람들은 신의 본질에 성性을 부여하지는 않고, 다만 그 속성에서 남성성과 여성성을 찾고자 한다. 말하자면 신은 양성을 다 가지고 있다. 그러면 신으로부터 창조되거나 유출된 인간도 그러하다는 것은 너무 당연하다. 여성에게 외적 인격은 여성성이며, 남성성은 내적 인격으로 존재한다. 남성은 이와 반대이다. 여성의 내적 인격인 아니무스Animus는 깊은 내면의 음성으로 들려오기도 한다.

융의 체험을 예로 들어보자. 융은 프로이트와 결별 이후에 가장 힘든 시기를 보냈다. 이 시기에 본격적으로 분석심리학이 태동했다. 융은 자신의 꿈과 환상을 이해하고 연구하면서, 자신이 탐구하는 심리학이 과학일 수 있느냐에 의문을 가졌다. 융의 연구는 과학의 범위를 넘어서고 있었다. 융은 자문했다. "나의 연구는 과학에 속하는가, 아니면 예술에 속하는가?"

놀랍게도 어느 순간에 한 여성의 음성이 들렸다. "예술이다." 융은 그답게 그녀와 의미 있는 대화를 계속 이어갔다. 말할 것도 없이 그녀는 내면화된 대상으로서 융의 무의식적 가치를 대변해주고 있었다. 융의 페르소나와 자아는 과학자이기를 원했으나 무의식에서는 과학의 범위 너머에 있는 예술로서 심리학자이기를 원한 것이다.

그녀는 인격화되지 않은 음성으로 출현했으나 융과의 대화가 진전됨에 따라 완전한 형태의 인격으로 드러났다. 융의 술회이다. "나는 그녀에게 어느 정도 경외감을 가졌다. 그것은 마치 방에서 보이지 않는 존재를 느끼는 것과 같았다."

# 집착을 버리면
## 세상이 다시 보인다

저는 애정이란 명목으로 가족에게 집착했습니다. 가족은 저의 과한 애착에 화를 내기 시작했습니다. 사춘기에 들어선 두 딸은 격하게 반항했습니다. 두 딸이 옳은 길로 가라고 사랑의 채찍을 들었는데 말입니다. 저는 두 딸에게 화를 냈습니다. 남편은 저에게 등을 돌렸습니다. 가족은 저녁만 되면 전쟁터입니다. 이 난리통에서 어떻게 평화협정을 맺었는지 저의 심리 여정을 고백합니다.

### 과잉 집착은 곧 나의 불안

엄마들은 다 그렇게 살지 않습니까? 가족의 화합을 위해서 말이지요. 가족이 잘되는 것을 자기가 잘되는 것으로 알고 있지 않습니까. 저도 그랬습니다.

고분고분하게 말 잘 듣던 첫째 딸이 고등학교에 들어간 후 어느날, 저에게 심한 욕설을 했습니다. 이를 옆에서 지켜보던 남편은 한숨만 쉬고 있었습니다. 저는 남편에게 왜 딸을 혼내주지 않냐고 소리 질렀습니다. 남편은 계속 한숨만 쉬고 있었습니다. 말은 안 했지만 당신이 그럴 짓을 했다는 듯한 반응이었습니다. 저는 남편에게 화를 냈습니다. 남편은 점잖은 척하면서 자녀 교육에는 무관심한 사람입니다.

그 후, 첫째 딸은 저를 무슨 투명 인간 대하듯 했습니다. 말은 안 하고 감정이 상하면 울거나 소리 지르는 것이 다였습니다. 다 가족의 화목을 위한 엄마의 처방이었습니다. 일찍 들어와라, 가족 외식 때는 빠지지 말라, 고민거리는 엄마에게 먼저 말하라, 친구는 선별해서 사귀라, 아직 남자 친구는 아니다, 패스트푸드는 절제해라, 스마트폰을 그만 들여다봐라, 너무 늦게 자지 말라, 영어와 수학은 선행 진도를 나가라. 저를 위한 것은 하나도 없습니다. 다 딸 잘되라고 하는 거였습니다.

그런데 딸이 제 마음을 알아주지 않았습니다. 제가 큰 잘못이라도 저지른 것처럼 제게 화를 냈습니다. 다 철이 없어서라고 생각했지요. 언젠가는 제 잔소리가 소중한 교훈으로 들려오겠지, 하는 믿음이 있었습니다. 제 잔소리가 좀 과하다는 것을 저는 압니다.

그래도 실천하지 못하는 자신을 탓해야지, 적반하장이라고 딸이 엄마에게 분노할 수 있습니까. 그런데 남편도 딸 편이라니, 저는 남편에게 긴 잔소리를 늘어놓았습니다. 긴 잔소리는 가랑비에 도포 젖는 몰인정한 비난이라는 것을 그때는 몰랐습니다.

그래도 작은 딸은 제 말을 잘 따라와줬습니다. 엄마가 하라는 대로 하니 성적은 상위권이었습니다. 작은 딸이 중학생이 되자 인간관계에 어려움이 생기기 시작했습니다. 작은 딸의 이야기를 들어보니 다 친구들 때문이고 친구를 잘못 사귀어서 그런 것이었습니다. 저는 딸에게 친구를 선별해줬습니다. 어떤 때는 작은 딸의 친구에게 전화를 직접 걸어 간섭하기도 했습니다. 저는 딸의 교우관계를 위한 일을 마다하지 않았습니다. 딸이 잘되기를 바라는 엄마니까요. 그런데 작은 딸은 점점 더 외톨이가 되어 갔습니다.

그러던 어느 날, 작은 딸은 성난 얼굴로 귀가해서는 '다 엄마 때문이야' 하면서 가방을 저에게 집어 던지고 자기 방으로 들어가 문을 잠갔습니다. 저는 놀랐습니다. 일이 더 커지기 전에 막아야 한다는 생각에 열쇠뭉치를 찾아 방문을 열었습니다. 그러자 이번에는 딸이 저에게 욕설을 하며 소리쳤습니다. "엄마는 내 인생에 끼어들지 마."

도대체 내가 무슨 잘못을 했기에 이 사달이 났는지, 남편과 두 딸은 다 한통속이었던 겁니다. 그들은 안 그런 척 저를 속였습니다. 항상 무뚝뚝하게 말이 없는 남편보다 두 딸에게 버림받았다는 감정이 저를 괴롭혔습니다. 그래도 딸들을 위한 저의 훈계는 멈추지 않았습니다. 딸들은 저의 훈계를 언어폭력이라 했습니다. 심지어 몸싸움으로까지 번져 경찰서에 신고도 들어간 적이 있었습니다.

저는 딸에게 과잉 집착하고 있었습니다. 불안해서 그랬습니다. 그렇게 하지 않으면 큰일이 일어날 것 같았습니다. 내 불안을 달래기 위해서였습니다. 왜 불안했을까요? 무시당할 것이 두려웠습니다. 전업주부인 제가 남편과 딸들에게 무시당하지 않을까 하는 불안이 제 안에 있었습니다. 저의 많은 행동은 무시당할 것 같은 불안에 대한 방어였습니다. 무시당하는 기분은 학창 시절 내내 저를 괴롭혔습니다. 제게 친구가 있을 리 없었습니다. 엄마는 오직 가족을 위해서 희생해야 한다는 저의 신념은 불안한 저를 보상하기 위한 양보할 수 없는 신념이었습니다.

저는 더 이상 보상받을 수 없는 코너에 몰렸습니다. 이제는 제가 변하지 않으면 회복할 수 없었습니다. 내가 나에게 보상해야 할 시간이 왔습니다. 큰 딸은 대학을 졸업하고 독립할 생각을 합니다. 작은 딸은 기숙사로 들어가려 합니다. 남편은 진급을 위하여 지방근무를 자원했습니다. 모두 저를 떠나려는 겁니다. 다른 때 같으면 더 통제하고, 없는 이유를 만들어 그들을 괴롭혔을 겁니다. 다 저의 병이었습니다. 제가 편집적 성격이었던 것을 전문가의 도움으로 알았습니다. 알아도 자신조차 조절 못하는 불안과 증상으로 인해 주변인을 괴롭히는 것이 저의 특성이었습니다.

## 안 하던 것을 하면 인생이 다시 시작된다

조금이라도 이전의 신념에서 빠져나와야 성격이 개선된다는 것을
저는 알았습니다. 가족을 위한 나의 집착적 헌신은 여기까지라고,
저는 작정했습니다. 제게는 그동안 가족을 향한 사랑이라 믿었던
것을 내려놓는 일종의 용기 있는 모험이었습니다. 그러자 가족들
에게 무슨 일이 생기면 어쩌나 하는 익숙한 불안이 슬며시 다가왔
습니다.

저는 전문가의 조언대로 되도록 감정에 휘말리지 않고 이성으
로 상황을 분석하는 연습을 했습니다. 저를 떠난 가족은 불안해하
지 않았습니다. 아니 더 편안해했습니다. 가족은 불안하지 않고
더 편한데, 왜 저는 불안해야 할까요? 그 불안이 바로 제 불안임을
저는 알았습니다. 제가 변해야 했습니다. 타자가 아닌 나만 변하
면 되니 의외로 마음이 편했습니다.

전에는 자식을 내 마음대로 할 수 없다고 원망했습니다. 지금
은 나를 마음대로 할 수 없습니다. 자식은 벌써 제 인생을 살 채비
를 갖추고 있는데 저는 제 인생을 살 채비가 없었던 겁니다. 이러
한 인식의 변화는 갱년기 호르몬의 변화, 그리고 가족이 나를 떠나
려는 환경의 변화와도 상관관계가 있었습니다. 이렇게 저에게 찾

아오는 변화를 인정하게 되자 저는 덜 불안했고, 덜 소외감을 느꼈고, 잔소리가 훨씬 줄었습니다. 가족에게 투사되던 정신 에너지를 나에게 모으니 안 보이던 것들이 보이기 시작했습니다. 지금의 불안은 어린 시절부터 나를 괴롭힌 내력이 있었습니다.

'내력 있는 불안'의 원인을 깨고 싶지는 않습니다. 흔히들 부모를 원망합니다. 저도 한때는 부모를 원망했지만 부모에게도 부모가 있고 그분들은 할 수 있는 최선을 다했습니다. 저는 제가 살아야 할 인생을 살아왔습니다. 연민이나 동정은 불필요한 감정 소모입니다. 하늘은 위로가 필요한 가족에게는 평화를 주고, 성장이 필요한 가족에게는 불화를 줍니다. 원가족이 평화롭지 못했던 저는 제 가족의 평화를 위하여 일말의 불화도 만들지 않으려 했습니다. 그러자 더 불화했던 겁니다. 이 모든 것들이 보이기 시작했습니다.

앞으로 몇 년간, 제 가족은 뿔뿔이 흩어져 각자 있게 됩니다. 떨어져 가족의 불화를 객관화시킬 것이고, 가족으로부터 분리된 자기를 회복할 겁니다. 그리고 다시 모여 가족의 소중함을 되찾을 겁니다. 저는 가족의 수호천사가 되겠다고 그동안 못한 취업을 하기로 결심했습니다. 바쁘게 일하고 다양한 사람을 만나면 지긋지긋했던 가족주의에서 나올 수 있을 겁니다.

혼자 있으면 많이 외로울 것 같았으나 의외로 편안합니다. 편집증이 작동하여 자기 시간을 보내고 있을 가족에게 전화로 귀찮게 할 줄 알았습니다. 오히려 그 반대였습니다. 시간이 많으니 마음의 여유도 생겨 안 하던 것들을 하게 됩니다. 어느 책에서 읽었던 것으로 기억합니다. "안 하던 것을 하세요. 인생이 새롭게 시작됩니다."

## 자신의 존재감을 드러내라

청소년의 무의식에는 부모살해 욕망이 있다. 그래야 그들이 어른이 된다. 그들은
어른을 증오하고 저주하고 무시하고 괴롭힘으로써 자신의 존재감을 끌어 올린다.
한 예로 교복을 입고 공원에서 흡연하고 있는 학생들이 훈계하는 어른을 집단 폭
행한다. 이때 그들의 존재감은 하늘을 찌른다. '어른을 능가한 어른'이라는 환상
을 성취한 것이다. 어른들은 자신이 청소년이었을 때를 생각하며, 청소년의 행동
을 얼마간은 기다려줄 책임이 있다. 영국의 정신분석학자 도널드 위니코트Donald
Winnicott는 병적이지 않은 일탈을 건강과 희망의 사인으로 봤다.

반면 놀이를 하지 못하는 모범생이 있다. 그들은 규칙을 지킴은 물론 어른들의
말을 잘 듣고 착한 학생으로 인정과 칭찬을 받는다. 그러기 위해서는 공부도 잘해
야 한다. 이들은 "마치 무엇인 것처럼as if 흉내 내기"를 잘 한다. 이들은 자신의 충
동을 발산하는 것이 두려워 환경에 순응하기로 한 것이다. 이들은 잘 적응하는 것
같으면서도 친구를 사귀지 못한다. 어딘지 모르게 어색하고 부자연스럽다. 속은

고독한 이기주의로 허전하고 우울하다. 타인과 감정의 교류를 못하여 삶이 건조하고 성취한 것만큼 즐겁지도 못하다.

어른들은 별 관리가 필요 없는 이런 아이들을 좋아한다. 그러나 이들은 자신의 충동을 억압한 대가를 반드시 치른다. 위니코트는 이들을 걱정했다. 그들은 참자기를 억압하고 깊은 잠에 빠져 '나 아닌 나'로 살고 있다는 것이다. 이들에게는 '나는 …이다'라는 존재감이 없다. 이들은 사회생활을 하면서 결핍의 근원이 드러나기 시작한다.

또한 이들이 미해결과제를 가지고 중년이 되면, 혹독한 홍역을 치른 후에야 자신의 정체성을 회복한다. 아동기의 미해결과제는 청소년기로, 청소년기의 미해결과제는 중년으로 넘긴다. 인생 공부에 월반은 없다는 것이다. 참자기$^{true self}$는 '나는 …이다'라는 존재감을 성취하는 것이고, 거짓자기$^{false self}$는 환경에 순응하는 것으로 반드시 그 대가를 치른다.

# 인생은
# 혼자 사는 거다

맞추고 인내하는 것이 여자의 일생인 줄 알았습니다. 엄마도 그렇게 살았으니까요. 내가 그러는 사이에 남편은 남자의 인생을 살았습니다. 남편이 생각하는 남자의 인생은 가정에 충실한 아내를 가정의 주인으로 두고, 자기는 자유롭게 밖의 일을 즐기는 것이었습니다. 제가 어떻게 이 억압의 굴레에서 벗어났는지 말씀드리겠습니다.

### 나를 억압하고 있는 현실을 자각하기

남편은 중소기업 기업주입니다. 선친으로부터 물려받은 기업을 남편 대에 확장했습니다. 저는 그 혜택을 충분히 누렸지만 저 역시 정부 고위 관료의 딸이었기에 남편 혜택이라 해봤자 그리 대단한 것은 아니었습니다.

남편은 회사 또는 여러 인간관계에 있어서 그만의 세계가 있습니다. 그만한 사람끼리 만나는 여러 모임의 성격을 저는 알 수가 없습니다. 흥신소에 부탁하여 뒤를 캐보기도 했지만 남편의 해명에 저는 늘 백기를 들었습니다. 부부관계는 어쩌다 한 번이고, 남편은 저의 사생활에 아무 관심도 없는 것처럼 보입니다. 신혼 초부터 내 남편 같지 않다는 생각을 했지만, 세 명의 아이를 키우는 데 집중하느라 심각하게 여기지 않았습니다.

남편의 기업과 비슷한 규모의 기업 소유주들이 유명 호텔 연회장에서 연례 행사로 모이는 부부 모임은 그 취지를 모르겠습니다. 우리 부부는 건실하다는 것을 사람들에게 보여주려는 걸까요. 거기 참석한 부인들의 표정은 무엇을 감추고 있는 듯합니다. 그중 감정이 통하는 몇 분을 사귀었고 여러 차례 만났습니다. 그들도 한때는 저와 같은 고민을 했다고 합니다. 그러다 있는 것은 있는 것으로 인정하고 나서야 자신의 인생도 찾았다는 겁니다.

그들은 남편의 돈이 주는 즐거움이 삶의 가장 큰 자산인 듯했습니다. 그래야 했습니다. 그들은 그렇지 않은 나의 순진함을, 아니 촌스러움을 재미있어했습니다. 묘한 미소를 띠며 제게 말하던 분의 목소리를 기억에서 지울 수가 없었습니다. "화려한 무늬면 무늬만 부부도 괜찮아요." 저는 속으로 반문했습니다. '무늬도 좋고 내실도 좋은 부부는 없을까?' 물론 그런 분들도 있을 겁니다.

저는 워낙 내성적이었기에 천생 공무원 아내인 엄마의 훈계를 신봉했습니다. 여자는 밖으로 나돌면 안 되고 조용해야 한다는 조선시대 훈령을 저의 신념으로 삼았습니다. 자유분방한 남편은 저의 보수적인 면이 마음에 들었고, 자신의 약점을 보완하여 가정을 잘 지킬 것이라 판단하여 저와 결혼했을 겁니다. 지금까지 남편의 선택은 옳았습니다.

그러나 저도 감정이 있습니다. 그동안 몰랐던, 영혼이 없는 남편의 유창한 말들이 가식으로 느껴졌습니다. 남편이 의도적으로 부부관계를 피하는 것을 알았지만 세 아이를 키우다 보니 깊이 고민할 겨를이 없어 그런가 보다 했습니다. 최근 들어 '우리는 부부 사이가 맞는가?'라는 의문이 들었습니다.

무료한 시간을 달래려 심심풀이로 한 문화센터의 강좌에 참석했습니다. 참석자는 대부분 중년 여성이었습니다. 강사는 만일 일주일간 해외여행을 간다면 누구와 함께할 것인지 설문을 받는 것으로 강의를 시작했습니다. 놀랍게도 남편과 함께 여행을 원하는 분은 저를 포함하여 10퍼센트 정도였습니다. 90퍼센트는 10퍼센트를 이해할 수 없다고 했습니다. 매일 보는 남편과 가면 무슨 재미가 있느냐는 겁니다. 제가 사는 곳이 상위 3퍼센트 이내의 부자들이 사는 동네라 마음만 먹으면 할 수 있는 일이 많다고 합니다.

그래도 그런 줄은 몰랐습니다. 그럼, 나는 정말 애정 없는 남편과의 일주일 해외여행을 원하는 걸까? 원해야 한다는 당위성에 빠진 것은 아닐까?

소위 '현타', 현실 자각 타이밍이 왔습니다. 저는 엄마의 삶을 되풀이하고 있었습니다. 그때와 지금은 정말 많은 시대적 변화가 있는데, 엄마의 신념을 제 신념으로 삼은 성장기의 이상에 변화를 주지 못했습니다. 세상과 남편과 자식은 급속도로 변하고 있는데 말입니다.

지금은 제가 변해야 할 시간입니다. 어느 책에서 읽었던 말이 떠올랐습니다. "하지 않은 것을 하라. 그러면 내면의 질서가 갱신된다." 저는 나 홀로 해외여행을 다짐했습니다. 한 번도 없었던 일입니다. 저에게는 용기가 필요한 일입니다. 남편에게 말하면 어떻게 반응할까? 그러면 같이 가자는 반응을 내심 기대했습니다. 역시 남편의 마음은 딴 곳에 가 있었습니다. 오히려 반겼습니다. 누구와 같이 가냐고 묻지도 않았습니다. 법적 아내가 없는, 일주일간의 자유를 미리 기뻐하는 것 같았습니다.

그런데 마음이 편했습니다. 그동안 나로 살지 못하는 서러움과 불쾌함이 불쑥 올라오곤 했습니다. 그럴 때마다 묵묵히 현모양처로 본을 보이신 고위 공무원 아내, 엄마를 생각하면서 견뎠습니다. 외도가 의심되는 아버지의 행동이 간혹 있었습니다. 엄마는 아버지의 체면에 먹물을 끼얹는 일이 일어나지 않을까 하여 무조건 참았습니다. 오히려 더 공손히 아버지를 대했습니다.

엄마는 아버지에게 채워지지 않는 기대를 하며 살았습니다. 저도 남편에게 채워지지 않는 기대를 하면서 살았던 겁니다. 계속 이렇게 살면 저는 미쳐버릴 겁니다. 이 기대를 내려놓을 시간이 다가왔습니다. 그동안 자신에게 속아온 것을 미련 없이 버리자니, 20여 년 묵혀온 살이 쏙 빠져나가는 것 같았습니다. 곧 몸뿐 아니라 마음도 나 홀로인 여행을 하게 될 겁니다. 수학여행을 하루 앞둔 사춘기의 설렘으로 되돌아가는 기분이었습니다. 그동안 내가 나를 얼마나 억압하며 살았는지!

## 내면의 갱신을 이루기

연회장에서 만난 그분의 말이 떠올랐습니다. "화려한 무늬면 무늬만 부부도 괜찮아요." 이 말이 희망으로 다가왔습니다. 무늬만 부부인 것을 인정하니 채워지지 않는 기대로 외로울 필요가 없어졌습니다. 화려한 무늬는 나로 사는 자산이기도 합니다. 저에게는 제2의 인생을 살 시간과 현실적 자원도 있습니다. 우리 동네에 사는 부부의 70퍼센트가 사실 이혼 관계라는 말도 있던데, 저도 그렇다는 것을 이제야 깨달았습니다. 그것은 비극이 아닙니다. 새로운 형태의 부부관계입니다. 새로운 출발은 과거의 어두움에서 시작합니다. 빛의 서막이 제 앞에 있습니다. 있는 것을 있는 것으로 인정하면, 인정 못할 것은 없습니다.

그럼 지금부터 무엇을 해야 하나요? 그들은 내면의 갱신이 이루어지기 전에 할 일부터 찾는, 내면의 갱신이 이루어지지 않은 사람들입니다. 저 또한 같은 질문을 여러 번 했습니다. 저의 경우 내면의 갱신은 '인생은 혼자다'라는 깊은 자각에서 왔습니다. 저의 엄마가 그랬던 것처럼 남편에 대한 과한 기대, 자식에 대한 과한 집착을 내려놓았습니다. "인생은 혼자 사는 거다." 여자는 혼자 될 때 혼자 되지 못하고 언제까지나 남편과 자식과 함께 가려는 욕망으로 불행해집니다. 혼자라고 생각하니 그동안 저를 괴롭힌 수많은 내적 대상으로부터도 자유로워졌습니다.

저는 홀로 해외여행을 하기로 했습니다. 함께하는 여행은 동행자와의 대화입니다. 홀로 하는 여행은 자기와의 대화입니다. 저는 가야 할 길을 단단히 하기 위하여 저와 더 많은 대화를 나눠야 합니다. 앞으로는 인생의 중요한 결정일수록 혼자 내려야 할 것들이 더 많습니다. 그 연습을 하러 홀로 해외로 떠납니다. 그런데 마음이 왜 이렇게 편한지요. 그리고 넓어졌는지요. 가족들에게 바라지도 않고 의존하지도 않고, 있는 그대로 가족을 사랑할 수 있을 것 같습니다.

## 적극적 명상으로 내면의 소리를 듣기

구약성경 〈창세기〉에서 이삭의 아내 리브가는 태중에 있는 쌍둥이가 서로 싸우는 것을 감지했다. 의학적 조치가 필요했으나 당시 리브가는 자신의 힘으로는 해결할 수 없는 심각한 문제로 보았다. 리브가는 하나님께 물으러 나아갔다. 하나님께 물은 그녀는 자신의 무의식, 즉 내면의 환상과 접촉했다. 쌍둥이 문제가 실제로 해결됐냐 안 됐냐는 중요하지 않다. 무의식의 환상과 대면한 그녀는 자기 앞에 펼쳐지는 삶을 믿을 수 있었다. 그녀는 앞으로 펼쳐질 숙명적인 일을 맞이하는 준비를 할 수 있게 되었다.

요즘은 어떨까? 산부인과 의사를 찾아간다. 문제는 더 간단히 해결된다. 필요하면 화학약품을 몸에 투여하여 즉각적인 효과를 낸다. 요즘 신앙인은 신께 묻기보다는 자신의 욕망을 요청하러 하나님께 나간다. 우리는 각자의 무의식에 있는, 심연으로 안내하는 환상을 잃었다. 문제를 가지고 심연으로 내려가기보다는 해결에 급급한 대중 신학도 탄생했다. 기도하면 이루어진다, 신은 복을 주신다, 신은 내 편이다 등등. 신의 언어인 무의식과 접촉하지 못한 의식은 편협하고, 이성의 한계 내에 갇힌다.

융은 무의식의 환상(또는 꿈)을 발굴하여 정신을 치료하고, 세계관을 바꾸는 방법으로 '적극적 명상active imagination'을 제시했다. 동양의 명상은 환상을 허구라 하여 집착을 떼어낸다. 융 심리학의 적극적 명상에서 환상은 무의식의 메시지를 의식에 전하는 전령사다. 조용히 호흡에 집중하여 몸과 마음의 긴장을 이완하면 마음은 무의식으로 침잠된다. 이때 떠오르는 소리, 이미지, 느낌 등과 적극적인 대화를 나누는 것이다. 적극적 상상을 하면 혼잣말을 하게 되니 장소는 개인적인 곳이어야 한다. 정신병적 증상을 가진 분들은 자칫 환상과 실재를 혼동할 수 있다는 점을 염두에 두길 바란다.

지금은 신화 속으로 잊힌 언어를 되찾아야 할 때이다. 과학과 물질문명에 포진된 인간은 다시 무의식의 언어를 되찾아야 한다. 그 신호 중 하나가 UFO 현상이다. 이 분야 연구자들에 의하면 UFO는 이미 사실로 밝혀졌다. UFO는 외부현상이지만, 각자의 무의식으로 개인적이고 외롭고 모험적인 여행을 떠난 사람만이 그 진실을 이해할 수 있다.

적극적 명상은 내면의 환상을 붙들고 대화함으로써 의식의 지평을 넓힌다. 의식의 지평이 넓어졌다고 삶의 문제가 다 해결되는 것은 아니다. 삶은 여전히 힘들다. 적극적 명상은 '힘듦'을 넘어선 것을 보게 한다. 마음속에서 일어나는 이미지, 느낌, 진동, 소리를 붙들고 물어보라. "그대는 누구인가?" "나에게 어떤 말을 해주려는가?" 질문의 의미를 찾아 깊이 내려갈수록 의식과 무의식은 통합될 것이다.

## 너의 삶을
## 신뢰하라

자살만이 저를 구원해줄 유일한 길이라고 생각했습니다. 삶의 출구가 보이지 않았습니다. 저를 아는 사람은 차마 '힘내라'는 말을 못합니다. 두 번째 자살 시도를 고민하던 중, 살아야 하는 단순하고 확실한 이유를 저는 발견했습니다. 자살을 생각하는 분들과 이 이야기를 나누려 합니다.

### 내 삶을 찾아가는 과정

제가 조울증이라는 것은 결혼 후에야 알았습니다. 저는 기분이 상승하면 늦은 밤까지 춤을 추거나 전화를 합니다. 어떤 때는 온종일 여러 백화점을 옮겨 다니며 아이쇼핑을 하거나 비싼 물건을 사기도 합니다. 분노조절 장애처럼 이유 없이 화가 날 때도 있습니다. 저는 남편을 화풀이 대상으로 삼았습니다. 천성이 착한 남편은 아내가 아파서 그런 줄 알고, 이해해주려 노력했습니다.

남편은 어떻게 해서라도 아이를 갖기 원했습니다. 그러면 제 병도 좋아질 것이라 기대했던 겁니다. 하지만 조울증 약을 복용하는 저는 임신할 수가 없었습니다. 스트레스가 심하면 저는 미친 사람처럼 되고 부모 형제에게 전화를 걸어 괴롭힙니다. 마음이 안정되면 언제 그랬느냐는 식입니다. 이래서 남편은 제가 아이를 키우면, 거기에 사랑을 쏟느라고 병증이 없어질 것으로 생각했던 겁니다.

저는 몇 개의 병원을 옮겨 다니며 제 몸에 잘 맞는 약물 처방을 받았습니다. 적당한 운동으로 세로토닌 수치를 유지하고, 명상도 하고, 좋은 책도 읽었습니다. 스트레스와 잡념을 예방하고 확대되지 않게 잘 관리했습니다. 병증이 약화하고 마음이 안정되면, 내가 남편의 삶을 담보로 잡고 있다는 괴로운 생각이 들었습니다. 그래서 우울해지고, 조증을 잡는 약물로도 우울해졌습니다. 이 감정은 제 의지로 어떻게 해볼 도리가 없었습니다.

변화가 필요해서 취업을 했으나 스트레스로 일주일을 견디지 못했습니다. 오히려 병증만 더 커졌습니다. 그러고 나면 가족을 괴롭힘으로 감정풀이를 했습니다. 층간 소음으로 아래층 사람의 항의도 여러 번 받았습니다. 남편은 점점 밖으로 돌기 시작했습니다. 저는 아무것도 안 하는 것이 가족을 돕는 것이었습니다. 정신분열증 환자는 더는 스스로 고통받지 않는 동굴 속으로 들어갑니다. 가족이 대신 고통받습니다. 내 안에서 일어나는 감정의 굴곡을 민감히 인식하는 저 같은 조울증 환자는 너무 고통스럽습니다.

마음이 안정돼 격한 감정을 빠져나온 어느 날이었습니다. 남편이 객관적으로 보였습니다. 얼마나 힘들겠습니까! 한 여자의 남편이자, 두 아이의 아버지가 되고 싶은 평범한 남자의 인생을 제가 망치고 있었던 겁니다. 더는 남편의 희생을 강요할 권리가 제게는 없었습니다. 생각이 바뀌기 전에 앞뒤 가리지 않고, 저는 남편에게 이혼을 제의했습니다. 홀로 되면 아내로서의 죄책감에서 벗어나, 병중에서도 자유로울 것 같았습니다.

남편은 저에게 일말의 동정을 가지고 있었습니다. 그러나 그 동정으로 자신의 삶을 엉망으로 가져가려 하지는 않았습니다. 남편은 고민했습니다. 아니 고민하는 척하는 것 같았습니다. 슬픈 요식행위를 마친 우리는 이혼 서류에 도장을 찍었습니다. 막상 갈라서자 남편은 홀가분해했습니다. 야속할 정도로 전화 한 통도 없었습니다. 저의 병중으로 함께 고통을 받아온 친정 식구들도 남편을 이해했습니다. 남편이 자신의 삶을 찾아간 것을 당연히 여겼습니다. 저만 더 위축됐습니다.

저는 친정으로 돌아갔습니다. 부모님은 이혼한 딸과 함께 사는 괴로움을 애써 숨기려 했으나 숨긴다고 숨겨지지는 않았습니다. 그때만 해도 저는 당신들이 저를 잘못 키워 정신병 환자로 만들었으니, 당신들은 마땅히 저를 책임져야 한다고 했습니다. "저는 조울증 진단을 받았습니다. 장애 등급도 있습니다." 이렇게 저를 합리화하고 변명하고 친정에 민폐를 끼치며 살았습니다. 삶은 끈질기기에, 저는 살기 아니면 죽기 식으로 약물치료와 심리치료를 겸하며 병 관리를 했습니다. 저의 자아는 점점 제 기능을 되찾았습니다. 주치의도 매우 드문 경우라며 저를 격려해줬습니다. 약물의 양도 줄었습니다.

## 자신의 삶을 신뢰하라

온전한 정신으로 돌아오면 저는 우울합니다. "나는 어떻게 살아야 하는가?" 나이는 중년 초입에 들어섰습니다. 취업은 힘들고, 해도 조울증 악화 우려가 있어 안 하느니만 못합니다. 몇 번의 실패도 했습니다. 연로하신 부모님은 지병이 있습니다. 저는 집안일을 거의 혼자 다 하며, 더부살이의 부채를 조금이라도 갚아야 했습니다. 저의 장래는 불안합니다. 아니, 장래가 없습니다. 병증에 있을 때는 장래 걱정을 못합니다. 병증이 사라지자 현실이 보이면서 장래가 불안했습니다. 장래가 없었습니다.

부모님은 돌아가실 겁니다. 제 치료비는 지금도 꾸준히 들어갑니다. 물려받을 재산은 없습니다. 저 혼자 남아서 결국 형제들에게 손을 내밀지 않겠습니까. 아마 형제들은 앞으로 일어날 그 일을 미리 걱정하고 있을지도 모릅니다. 아, 그것은 있을 수 없는 일입니다. 저는 자존심이 있는 여자입니다. 이렇게 괴로우니 환자는 퇴행하여 더 심한 병증으로 돌아가기도 하는 겁니다. 살길이 막막해지자 다시 자살하고 싶어졌습니다.

그러나 저는 살아야 합니다. 조울증 환자에게 명상은 망상을 불러일으킬 수 있으니 되도록 하지 말라고 합니다. 저는 살아야 합니다. 지금의 상황을 이겨낼 힘은 오직 내면에 있음을 저는 압니다. 내면으로 진입하는 명상을 해야 합니다. 저는 의자에 앉았습니다. 천천히 호흡에 집중했습니다. 잡념이 몰려오면 몰려오는 대로 놔뒀습니다. 들숨과 날숨에만 집중했습니다. 마음은 조금씩 침잠됐습니다. 늘 그러듯이 오만 가지 불안들이 내 의식계에서 요란을 떨었습니다. 그래도 조금만 더 호흡에 집중하면 마음에 평화가 온다는 것을, 경험적으로 저는 알고 있습니다.

명상의 시간이 길어지면서 저는 다른 세상에 와 있는 사람이 됐습니다. 호흡과 내가 하나가 된 지금 이 순간은 아무 걱정도 없습니다. 마음은 지극히 평화롭습니다. 이렇게만 살 수 있다면 세상에 걱정은 없겠습니다. 곧 저는 눈을 뜰 것이고 현실적 고뇌와 다시 맞서야 합니다. 지금의 평화와 고요는 한낱 자기최면에 불과했다는 것을 알고, 저는 다시 실망할 겁니다. 이렇게 내 마음이 복잡하게 요동칠 때에 내면에서부터 올라오는 소리가 있었습니다. 귀로 들리는 것도 아니고, 그렇다고 느낌만도 아닌 생생한 음성이었습니다. "너의 삶을 신뢰하라." 맨 하늘에서 번개를 한 대 얻어 맞은 기분이었습니다. 제 심장에 꽂힌 주피터의 화살 같았습니다. "너 꼼짝 마, 너는 내 사랑이야."

이 말 한마디에 다 들어가 있었습니다. 저의 불안은 삶을 믿지 못해서입니다. 저는 믿지 못하는 환경을 나열하고 탓했습니다. 살아오면서 지금까지 저는 거의 항상 불안했습니다. 제 안의 불안이 외부로 투사되니 세상은 거의 항상 믿지 못할 곳입니다. 제가 조증 상태에서 가족과 남편에게 퍼붓는 비난은 믿지 못하는 세상에 대한 분노의 표현이었습니다. 그리고 우울로 돌아오면 세상에 맞추기, 또다시 분노하기를 반복합니다. 제 조울증의 특성입니다. 제가 자신과 세상을 믿을 수만 있다면!

그날, 믿음은 제게 새롭게 다가왔습니다. 확실한 것에는 믿음이 필요하지 않습니다. 확실한 것은 안다. 불확실한 것은 모르기에 믿음이 필요합니다. 우리는 하늘에 태양이 어떻게 떠 있는지 모르지만, 내일이면 다시 동쪽 하늘에 떠오를 것을 믿습니다. 그래서 농부는 내일을 믿고 씨를 뿌립니다. 우리는 인생길에서 아는 것보다 모르는 것이 더 많습니다. 그러니 믿음이 필요합니다. 믿음이 아는 것이 되어 내 것의 일부로 소화되기 전에는 삶을 믿어야 합니다. 저는 앞으로 어떻게 살아야 할지 모릅니다. 모르니 대책을 세울 수가 없습니다. 그냥 지금처럼 하루하루를 사는 겁니다. 그렇게 불확실한 삶을 어떻게 믿으란 말입니까. 그러나 믿을 수 없는 것을 믿을 때 사람은 정말 크게 성장합니다. 명상 중에 들린 내면의 소리는 제 몸과 마음을 온통 흔들었습니다. 마음 깊은 곳에서 믿음의 모험을 감행할 용기가 생겼습니다. 오해하지 마세요. 조증 증상은 아닙니다. 삶에 대한 믿음을 배우라고, 제가 이런 고통을 받는 걸까요? 지금은 믿음을 배울 때입니다. 지금, 믿음은 곧 생명줄입니다. 믿음은 외적인 것에도 영향을 미쳐 저의 살길을 열어줄 겁니다. "너의 삶을 신뢰하라." 내면의 소리로 저의 둔탁한 영혼은 맑아졌습니다.

저는 명상에서 현실로 돌아왔습니다. 싱크대에는 설거짓감이 쌓였습니다. 연로하시고 지병이 있으신 부모님은 저를 걱정하시면서도 저의 도움을 받아야 합니다. 이웃의 시선은 차갑게 느껴집니다. 힘들게 겨우 해내는 부업은 생활비에 턱도 안 되고, 제 자존심도 망가집니다. 통장 잔금은 매일 줄어듭니다. 공허하고 우울하고 불안한 감정이 종종 제 의식을 흔듭니다. 그래도 저는 제 삶을 믿어야 합니다. 그렇게 할 수 있을 것 같습니다.

"사는 날까지 살자." 저는 생각이 단순해졌습니다. "인생은 사는 날까지 그날 하루를 사는 거다. 살면 살고 죽으면 죽으리라." 제 불안의 70퍼센트 이상은 다 생각에서 나온 겁니다. 인생은 각자 자기 짐을 지고 산을 오르는 겁니다. 저의 짐은 좀 무겁고 힘듭니다. 그래야 다른 누군가는 좀 더 가벼운 짐을 지지 않겠습니까. 누군가와 나눠야 할 병을 제가 좀 많이 가졌다고 불행하지 않습니다. 영원의 한 점을 사는 이 생에서 저는 조금 더 괴로울 수 있습니다. 그 괴로움은 그 이상으로 충분히 보상받습니다. 힘들 때마다 제 안의 소리를 불러내겠습니다. "너의 삶을 신뢰하라."

## 사랑의 환상과 사랑의 실재

나는 그녀를 사랑했으나 그녀는 나를 사랑하지 않았다. 만일 그녀가 나의 사랑을 받아주었다면 나는 그녀와 사랑을 즐겼을 것이다. 낮에는 내가 좋아하는 산책로를 함께 걸었을 것이고, 밤에는 해변이 바라다보이는 바닷가 카페에서 밤늦도록 인생을 이야기했을 것이다. 그러나 그녀가 나의 사랑을 받아주지 않아 나는 내 안에 그녀를 불러들였다. 그리고 실제의 그녀가 아닌 상상 속의 그녀와 사랑을 주고받았다."

이를 짝사랑이라고 한다. 짝사랑이 시작된 때부터 나의 정신 에너지는 바깥보다는 안을 향하여 소진된다. 비록 고통스럽지만 짝사랑이라도 할 수 있어서 위로받는다. 실제의 그녀가 아니라, 내 안에 내가 위로하려 만든 그녀를 대상관계이론에서는 '내적 대상'이라고 한다. 이는 사랑의 실패를 보상하는 일종의 자구책이다.

인간 내면의 가장 큰 결핍은 상대가 나를 사랑하지 않을 것 같은 불안, 그리고 나의 사랑이 상대에 의하여 받아들여질 것 같지 않은 불안이다. 인생의 가장 큰 욕구는 사랑이고, 가장 큰 결핍은 사랑하는 대상으로부터 떨어져 나가는 또는 떨어져 나갈지 모르는 분리 불안이다.

내적 대상을 만들어 외부의 결핍을 보상하려는 것을 '분열성 상태schizoid position'라고 한다. 모든 사람은 어느 정도의 분열성 상태에 있다. 분열은 사랑하고 사랑받는 경험으로 통합되고, 사랑의 환상이 실재 사랑이 된다.

통합은 자아가 내적 대상에 질식당하지 않으면서 외적 원리에 적응하는 것을 말한다. 하지만 사랑이 결핍된 세상에 살다 보면 통합은 또 분열된다. 그리고 다시 사랑의 경험으로 통합된다. 이것이 인생이다.

위대한 창조성으로 인류의 정신문화에 기여한 사람들은 대체로 내향적인 '분열성 성격'이 많다. 그들은 내면의 진주를 캐내는 탁월한 해녀이다. 그들은 고뇌로 깬 진주를 세상에 날라, 세상을 사람 살 만한 공간으로 바꿔나간다.

　원고를 최종 퇴고하고 나니, 역시 중년 여성의 내적 성장과 행복은 주로 가족관계의 재구성에 있었다. 남녀 성차별의 역사는 남성은 밖에서, 여성은 안에서 자기실현을 하는 것이라고 가르쳤다. 남녀의 심리·신체적 구조의 차이로 봤을 때 이 말은 어느 정도 사실일 수도 있다. 단지 어느 정도만 말이다. 중년 이후에는 '남성은 조금 더 안으로, 여성은 조금 더 밖으로'여야 한다. 나의 상상력은 남자인 내가 임상 경험을 기반으로 여성에 관한 글을 쓸 수 있도록 도와주었다. 지금도 성장의 길을 묵묵히 걸어가고 있을 내가 만난 모든 여성분들께 감사의 마음을 전한다.

지나온 삶에 짓눌려 왔던 모든 여성을 위한 마음 수업

오늘부터 나를 위해 울기로 했다

**1판 1쇄 인쇄** 2023년 5월 17일
**1판 1쇄 발행** 2023년 5월 24일

**지은이** 박성만
**펴낸이** 고병욱

**기획편집실장** 윤현주 **책임편집** 한희진 **기획편집** 김경수
**마케팅** 이일권 김도연 함석영 김재욱 복다은 임지현
**디자인** 공희 진미나 백은주
**제작** 김기창 **관리** 주동은 **총무** 노재경 송민진

**펴낸곳** 청림출판(주)
**등록** 제1989-000026호

**본사** 06048 서울시 강남구 도산대로 38길 11 청림출판(주)
**제2사옥** 10881 경기도 파주시 회동길 173 청림아트스페이스
**전화** 02-546-4341 **팩스** 02-546-8053
**홈페이지** www.chungrim.com
**이메일** cr2@chungrim.com

ⓒ 박성만, 2023

ISBN 979-11-5540-216-0 (03180)